JÉRUSALEM

Vue de Jérusalem.

JÉRUSALEM

TABLEAU DE L'HISTOIRE ET DES VICISSITUDES

DE CETTE VILLE CÉLÈBRE

DEPUIS SON ORIGINE LA PLUS RECULÉE

JUSQU'A NOS JOURS

Par Étienne-Charles de RAVENSBERG.

3e ÉDITION.

LILLE

L. LEFORT, IMPRIMEUR-LIBRAIRE.

1853.

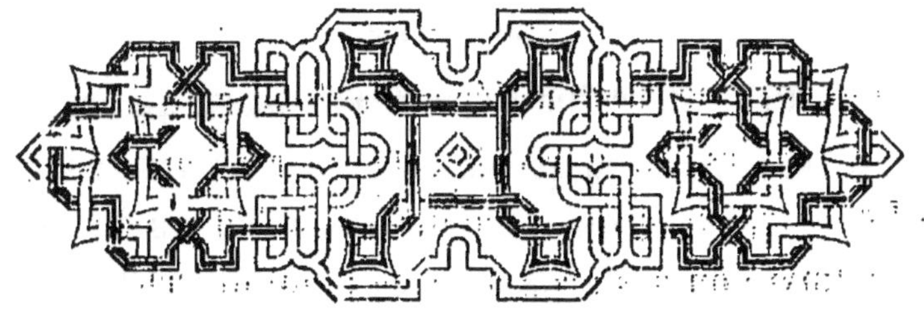

JÉRUSALEM

◦◇◦

LIVRE PREMIER

Comprenant l'église de Jérusalem depuis sa fondation par Melchisédech, jusqu'à sa première destruction par les Chaldéens, sous Nabuchodonosor.

Si l'on vient à ouvrir les annales des peuples, que l'on interroge leurs traditions et leurs histoires, on trouve partout quelque nom de cité, consacré par d'illustres souvenirs : répété avec amour ou avec étonnement par les générations qui s'écoulent, on le voit traverser avec gloire un certain nombre de siècles, et, quand la gloire elle-même disparaît dans la nuit des âges, se fixer tristement sur une ruine isolée et l'entourer du prestige des souvenirs, unique reflet de sa grandeur passée.

Le voyageur qui se repose au pied des colonnes de Palmyre ou des propylées de l'antique Thébaïde, se plaît à repeupler dans son imagination les cités maintenant désertes, à faire revivre la magnificence de Zénobie ou la pompe de Sésostris ; et, touché du souvenir de tant de merveilles dont il ne voit plus que des débris, il se prend à gémir sur leur désolation. Mais s'il est des lieux où le temps semble avoir ménagé les temples et les palais, pour parler plus vivement à l'imagination ou à la science, il en est d'autres où il a successivement effacé et confondu dans la même poussière les monuments de différents âges, pour disposer l'âme avec plus de solennité à se recueillir dans la méditation des choses qui ne sont plus. Telle est aujourd'hui Jérusalem.

Pauvre, triste et isolée au sein des montagnes nues et stériles, dans un coin de la Syrie, cette ville semble n'avoir épuisé toutes les vicissitudes, que pour remuer plus profondément les cœurs et tourner vers elle avec une émotion plus touchante les regards de l'univers. Chaque année voit accourir vers la cité désolée de David des pèlerins de toute nation, et des peuples entiers se sont empressés de lui apporter le tribut de leurs hommages. Ce n'est ni la science ni la curiosité ; il faut autre chose pour remuer les hommes ! Mais la foi les amène ; les uns pour révérer un tombeau vide, les autres pour baiser la poussière de son sol ardent, et pour s'ensevelir dans l'un des tristes vallons qui environnent Jérusalem. Mais si les yeux des sens n'y aperçoivent qu'un tombeau vide, le chrétien, dont la foi nourrit les espérances, en l'élevant au-dessus des pensées de la terre, vient y contempler son Sauveur, qui accomplit dans ces lieux le mystère auguste de la rédemption.

Jérusalem ! à ce nom toutes les nations qui reconnaissent un seul Dieu créateur du ciel et de la terre, s'inclinent. Les Musulmans honorent dans la cité sainte le premier temple de leur culte, après les mosquées antiques de Médine et de la Mecque, la mosquée d'Omar, fondée, disent-ils, au lieu même où Jacob reposa sa tête, la nuit du songe mystérieux dans lequel le Seigneur révéla au saint patriarche les destinées de ses descendants. Les Juifs, dispersés par toute la terre, pleurent sur le bord des fleuves où la malédiction du Christ les exila, « comme autrefois sur le bord du fleuve de Babylone, en se souvenant de Sion. » Aujourd'hui, qu'ils ont perdu jusqu'à l'espérance, « ils se proposent encore Jérusalem, comme le principal objet de leur joie [1]. » Chaque année les

---

[1] Ps. 136.

ramène par troupes dans la cité de David. Les vieillards s'y font conduire par leurs petits-fils, et s'il ne leur est pas permis de vivre dans les lieux où vécurent leurs pères, s'ils se voient encore foulés aux pieds et méprisés par les Turcs sur le sol de leur antique patrie, au moins ils aiment à y venir mourir, « en songeant aux jours anciens » et en répétant tristement avec le roi-prophète[1] : « Dieu nous rejettera-t-il donc pour toujours ? nous privera-t-il éternellement, et dans toute la suite des générations, du bienfait de sa miséricorde ? »

Dans ces lieux témoins de tant de merveilles, source de tant de joie pour ce peuple prévaricateur, mais bien plus encore de douleur et d'amertume, puisqu'il ne peut songer à sa gloire antique, sans jeter en même temps ses regards sur l'abîme immense où l'a plongé son endurcissement. Les Chrétiens viennent révérer, avec une émotion, mêlée de respect, le théâtre où s'accomplirent les prophéties annoncées au peuple juif, et dont l'incompréhensible réalisation confond ce peuple déicide. La Judée tout entière respire le mystère et la tristesse ; mais pour un cœur chrétien ce mystère n'a rien qui l'épouvante, et cette mélancolie, jetée comme un voile sur l'aride nudité des collines de Sion, lui prête ce charme à la fois si doux et si

____
[1] Ps. 76.

triste, qui inspire la prière, et prosterne, malgré lui, le chrétien le plus incrédule au pied du tombeau de Jésus-Christ.

On se sent ému malgré soi ; tous les souvenirs de l'enfance apparaissent en même temps ; on verse des larmes, quand on croyait n'en plus avoir pour la religion de ses pères ; et, dans ces lieux si désolés, à peine aperçoit-on la désolation, si ce n'est lorsque parfois la malédiction dont ils furent frappés vient à s'offrir à la mémoire du voyageur ou du pèlerin. Partout, de la Galilée à Jérusalem, du Thabor au Saint-Sépulcre, on ne cherche, on ne voit que les traces de Jésus-Christ ; on n'entend que sa voix et la voix de ses miracles, vibrant encore le nom du Fils de Dieu aux échos du désert.

En remontant avec l'histoire sacrée aux siècles qui précédèrent la venue du Messie, les prodiges s'enchaînent avec les prophéties jusqu'à l'époque d'Abraham ; et, dans cette suite de faits merveilleux qui marquèrent d'un sceau divin la terre de Chanaan, on ne peut s'empêcher de reconnaître la présence spéciale du Seigneur au milieu du peuple prédestiné pour donner un Rédempteur aux nations. Cependant la ville de Jérusalem semble être, plus particulièrement encore que le reste de la Palestine, l'objet des complaisances du Dieu d'Israël. C'est elle qui doit voir s'élever dans ses murs le premier temple destiné au culte du Très-

Haut, qui doit posséder l'unique sanctuaire où il daignera résider et rendre ses oracles, le seul où il acceptera les sacrifices du peuple élu, en attendant le jour où[1], « depuis le lever du soleil jusqu'à son coucher, on lui sacrifiera en tout lieu, et où l'on offrira à son NOM une oblation toute pure. »

[1] Malach. ch. I. v. 11.

La fondation de Jérusalem remonte, si l'on en
croit le témoignage de plusieurs des Pères et historiens des plus illustres de l'Eglise, au temps
même de la dispersion des peuples, descendants
de Noé, et ses premiers fondements auraient été
jetés par Sem, son fils aîné, auquel le saint patriarche aurait révélé les grandes destinées de cette
ville célèbre. Béni par son père, comme la souche
qui devait donner naissance au Messie, Sem, après
avoir vu s'étendre dans l'Asie sa nombreuse postérité, serait venu, avec un petit nombre des siens,
élever les murs de la cité de Salem sur le sommet
de la montagne que l'historien Josèphe désigne sous
le nom d'*Acra*, et régner sur quelques-unes des
tribus sorties de Chanaan, fils de Cham, qui,
avec ses onze fils, avait pris possession de la Palestine.

La première fois que le nom de Salem ou Jérusalem se rencontre dans l'Ecriture, c'est à l'occasion de la victoire qu'Abraham remporta sur Cador-
lahomor, roi des Elamites ou Perses.

A son retour de cette guerre (an du monde
2092), il rencontra à dix lieues environ de la vallée
de Mambré, où il faisait son séjour, le prince de
la paix (car c'est là la signification du nom de
Salem, paix en hébreu), Melchisédech, qui était
descendu au-devant de lui jusqu'à la vallée de
Savé, appelée aussi dès lors vallée du Roi et plus
tard vallée des enfants d'Ennom[1]. Ils montèrent
ensuite ensemble à Salem pour rendre graces au
Seigneur de la victoire qu'il avait remportée, et
vraisemblablement[2] ce fut au temple que Melchisédech ou Sem y avait édifié, que le roi de Salem,
achevant de représenter le Rédempteur futur dans
ses fonctions les plus touchantes et les plus su-
blimes, offrit à Dieu le sacrifice non-sanglant du
pain et du vin, figure admirable de l'Eucharistie
que le Christ devait nous laisser dans le sacrement
de son amour.

Abram, qui savait de quelles augustes fonctions
Melchisédech était revêtu, et qui, par une inspi-

---

[1] Selon Josèphe et S. Epiph, c'est aussi celle qu'on appela
vallée de Josaphat.

[2] Nous suivons ici l'idée de Josèphe et de plusieurs Pères
qui l'ont partagée, d'après Villalpand.

ration d'en haut, reconnaissait peut-être en lui l'image de Jésus-Christ, dont le sacerdoce éternel prendrait un jour la place de celui qui était destiné à Aaron, quoiqu'il n'existât pas encore ; Abram, dis-je, offrit au prêtre du Très-Haut la dîme des dépouilles qu'il avait prises sur les Elamites, tandis que Melchisédech le bénissait en disant : « Qu'Abram soit béni du Dieu Très-Haut, qui a créé le ciel et la terre ; et que le Dieu Très-Haut soit béni, lui qui a mis nos ennemis entre vos mains ! »

A dater de cette époque, il n'est plus question de Salem dans l'Ecriture ; on ne retrouve plus cette ville que sous le nom de Jérusalem, et pour la première fois dans le livre de Josué, lors de la guerre des Israélites contre les rois chananéens, et du partage de la tribu de Benjamin à laquelle elle fut attribuée. Elle appartenait alors aux Jébuséens descendants d'un des fils de Chanaan ; ceux-ci avaient construit sur le mont *Sion*, voisin d'Acra ou Salem, une forteresse et une petite ville, et l'on conjecture qu'après la mort de Melchisédech, duquel l'Ecriture paraît faire entendre, par son silence, qu'il mourut sans postérité, les Chananéens de Sion ou Jébus s'emparèrent de Salem qu'ils réunirent à leur ville par une enceinte continue. C'est de cette réunion qu'elle prit, disent des commentateurs, le nom de *Jébus-Salem*, et selon d'autres, *Jéruschalaïm* ou *Jéruschelem*, que l'on traduit par *vision*, *possession* et *héritage de paix*. Peut-être même les Israélites lui donnèrent-ils ce nom, parce que ce fut sur le mont *Moria* ou de Vision, enfermé après la conquête de Jébus par David dans l'enceinte de Jérusalem, qu'Abraham fut appelé de Dieu pour immoler son fils Isaac.

Plus de quatre cents ans s'étaient écoulés (an du monde 2553) depuis qu'Abraham était monté à Jérusalem pour offrir à Melchisédech les dîmes de sa victoire sur le roi d'Elam, lorsque ses descendants multipliés déjà, selon la promesse du Seigneur, comme les étoiles du firmament, sortirent d'Egypte sous la conduite de Moïse et se mirent en marche vers la terre promise à leurs pères. Après avoir erré, à cause de leurs murmures contre le ciel, pendant quarante ans dans les déserts de l'Arabie, Moïse étant mort, ils passèrent miraculeusement le Jourdain à pied sec, vis-à-vis de Jéricho, et vinrent mettre le siège devant cette ville. Par un nouveau miracle, les murailles de Jéricho tombèrent à la vue de l'Arche d'alliance, qui renfermait les tables de la Loi et sur laquelle le Seigneur avait promis de rendre toujours ses oracles.

Josué, qui avait succédé au commandement de Moïse, conduit par la sagesse divine, soumit tour-à-tour les villes les plus importantes des Chananéens, dont les crimes avaient depuis long-temps lassé la miséricorde du Seigneur. Les seuls habitants de Gabaon, redoutant le sort des peuples qu'ils voyaient tomber si rapidement devant le chef invincible des enfants d'Israël, réussirent à se faire des alliés de ces hommes que le Ciel protégeait si évidemment. Mais, pour le prix de la ruse, à l'aide de laquelle ils avaient surpris la bonne foi de Josué et des princes du peuple, ils furent condamnés à couper le bois et à transporter l'eau qui serait nécessaire au service du culte et du tabernacle qui renfermait l'Arche sainte. Cette alliance ou plutôt cette soumission des Gabaonites attira contre leur ville le courroux des autres peuples du pays de Chanaan ; cinq rois se liguèrent contre eux pour les accabler de toutes leurs forces réunies. C'étaient ceux de Jérusalem, d'Hébron, de Jérimoth, de Lachis et d'Eglon, tous princes puissants et régnant sur les villes les plus considérables de la partie méridionale de la terre de Chanaan. Ils furent convoqués à Jérusalem par le roi Adonisedech [1], le plus puissant d'entr'eux, et qui paraissait exercer sur les autres rois une sorte de zuzeraineté, assez semblable à celle des rois de France et des empereurs d'Allemagne, au moyen-âge [2].

Quoiqu'il en soit, toujours est-il qu'en sa qualité de roi de Jérusalem, ce prince profitant aussi

---

[1] Josué. ch. x.   [2] Villalpand in eodem op. ac supr.

sans doute de la situation jusqu'alors inaccessible de sa capitale, qui dominait en maîtresse toutes les villes voisines, usa de son droit, en convoquant les princes alliés à Jérusalem; et. dans la crainte dont il était saisi, dit l'Ecriture, en apprenant les succès rapides de Josué et la défection des Gabaonites, il leur proposa de marcher incontinent contre Gabaon. Les habitants de cette ville, se voyant pressés par le roi de Jérusalem et ses alliés, envoyèrent demander du secours à Josué. Il le leur donna avec tant de bonheur, que les assiégeants furent complètement défaits, moins par les armes des Israélites, que par une grêle de pierres d'une grosseur démesurée que Dieu fit tomber sur eux après la perte de la bataille. Mais ce qui rendra cette victoire à jamais célèbre, c'est que Josué, ayant commandé au soleil de s'arrêter, afin qu'il eût le temps de l'achever et de détruire entièrement les troupes ennemies, le soleil lui obéit, et continua d'éclairer l'horizon pendant douze heures entières, autant qu'il en fallait pour accomplir son triomphe : « Jamais jour, ni auparavant, ni après, ajoute en cet endroit l'Ecriture, ne fut si long que celui-là ; le Seigneur obéissant à la voix d'un homme et combattant pour Israël [1]. »

Après cette bataille mémorable, les cinq rois

----

[1] Josué. ch. x.

périrent, en juste punition de leurs impiétés et des crimes de leur nation. Josué, poursuivant ensuite le cours de ses victoires, s'empara successivement de toutes les villes de la terre de Chanaan, à la réserve d'un petit nombre, dans le midi de la Palestine. Jérusalem résista presque seule à toutes les forces réunies des tribus de Juda et de Benjamin, les plus vaillantes de la nation. La situation imposante de ses deux citadelles, Jébus et Acra ou Salem, défia long-temps les agressions les plus formidables, et Josué mourut sans avoir pu voir cette cité soumise à la domination des Israélites.

Dans l'intervalle qui sépare cette époque du règne de Saül, les Israélites furent gouvernés par des juges choisis parmi eux, et que le Seigneur désigna presque toujours d'une manière spéciale et souvent miraculeuse. Toujours enclin à l'idolâtrie, où l'entraînaient ses penchants déréglés, ce peuple à la tête dure, en faveur duquel Dieu s'était signalé par tant de prodiges, fut pendant cette longue période de temps tour-à-tour vainqueur des Chananéens ou vaincu par eux, selon qu'il était fidèle ou désobéissant à la loi et au culte que Moïse lui avait apportés du Sinaï, au nom du Seigneur.

Oublieux de ses bienfaits dans la prospérité, il ne s'en souvenait guères que lorsque pour ré-

veiller ces enfants rebelles de leur oubli ou de
leur désobéissance, Dieu leur envoyait des ennemis qui leur faisaient supporter tous les maux de
la captivité et d'une oppression étrangère. Retrem-
pés par le malheur, ils élevaient alors les mains
vers Celui qu'ils avaient abandonné pour de vaines
idoles, et auquel seul ils savaient qu'ils pouvaient
avoir un recours efficace. Alors il leur suscitait
un homme de leur nation, auquel il donnait la
force nécessaire pour les aider à secouer le joug
qui pesait sur eux, et tels furent Barac, Gédéon,
Jephté, Samson et Samuël, tous hommes qui se
rendirent aussi illustres dans Israël par leurs
exploits et leur piété, que par la sagesse qui les
distingua dans leurs conseils.

Le dernier des juges d'Israël fut le sage Samuël,
à qui le peuple demanda un roi. Samuël consulta
le Seigneur, qui lui ordonna de sacrer en cette
qualité Saül, fils de Cis (an du monde 2909),
de la tribu de Benjamin, et de convoquer toutes
les tribus de Maspha, pour que le nouveau prince
fût reconnu solennellement comme roi d'Israël.
Saül fut heureux tant dans sa vie privée que dans
ses entreprises contre ses ennemis, aussi long-
temps qu'il suivit les conseils de Samuël. Mais
pendant les dernières années de son règne, il agit
plusieurs fois contre le commandement exprès du
Seigneur, qui l'abandonna enfin. Dieu fit annoncer

par son prophète qu'il le rejetait lui et toute sa maison, et qu'il avait choisi un autre roi pour régner sur son peuple. Il ne laissa pas toutefois de le rendre encore victorieux de ses ennemis en plusieurs rencontres. Une dernière faute qu'il commit après la guerre des Amalécites, l'un des peuples infidèles de la Palestine, acheva de lui aliéner la grace du Seigneur. L'esprit malin le saisit et le tourmenta d'une cruelle et douloureuse mélancolie qui dégénérait fréquemment en fureur. Le malheur de ce prince, qui n'avait pu conserver son innocence que pendant le court espace de deux années, affligea si sensiblement Samuël que l'Ecriture dit qu'il le pleura pendant tous les jours de sa vie.

Dieu reprit Samuël de sa douleur, et lui commanda d'aller oindre pour roi d'Israël David, le dernier des fils de Jessé, de la tribu de Juda. Il était dans sa vingt-deuxième année, ne songeant qu'à faire paître les brebis de son père qui demeurait à Bethléem, petite ville située à deux lieues de Jérusalem. Par cette onction, David fut rempli de l'esprit de Dieu ; et comme il excellait dans l'art de la musique, il fut appelé à la cour de Saül, pour jouer de la harpe devant lui et pour calmer les fureurs de ce prince.

Quoique le règne de David n'eût commencé qu'après environ douze ans, lors de la mort de

Saül, il ne laissa pas de se rendre célèbre entre les guerriers les plus illustres de l'armée d'Israël. La mort du géant Goliath fut la première action qui le fit remarquer, et il commença, dès cette époque, à prendre une part active dans les guerres contre les peuples qui environnaient Israël. La jalousie et les violences de Saül, qui avait reconnu en lui son successeur, l'obligèrent de s'éloigner de la cour et de se cacher. Il vint à Nobé, où était alors le Tabernacle qui renfermait l'arche d'alliance; mais le grand prêtre Archimelech paya de sa vie l'hospitalité et les secours qu'il avait donnés à David et aux gens de sa suite.

Saül périt bientôt après dans une bataille contre les Philistins, et avec lui trois de ses fils, entr'autres Jonathas qu'une amitié étroite, fondée sur les sentiments les plus vertueux, avait toujours uni à David.

Lorsque ce prince fut reconnu comme roi par les douze tribus, il forma le dessein de s'emparer de Jérusalem (an du monde 2956), toujours occupée par les Jébuséens, et la seule ville qui restât au pouvoir des idolâtres dans cette partie de la terre de Chanaan. Située, comme nous l'avons dit, sur deux collines, hautes et escarpées qui commandaient toute la chaîne des montagnes de Juda, seule elle défiait les forces réunies des enfants d'Israël.

A la tête d'une armée nombreuse, rassemblée à Hébron, David marcha contre Jérusalem, résolu à n'en point abandonner le siège qu'elle ne fût tombée en sa puissance. A la nouvelle de sa marche, les Jébuséens, fiers de leurs fortifications sur ces montagnes inexpugnables jusqu'alors, tournèrent en dérision le dessein des Israélites, et dédaignant, en apparence, de lever des troupes pour se défendre, n'envoyèrent au premier abord que des aveugles et des boiteux sur leurs murailles, en faisant insolemment annoncer à David qu'ils n'avaient pas besoin d'autres défenseurs pour repousser ses attaques. Sans se mettre en peine de leurs bravades, et s'abandonnant avec confiance au Dieu des armées, David dispose ses troupes, les prépare à l'assaut, et leur mettant devant les yeux la puissance du Seigneur qui les a tirés d'Egypte et les a mis en possession de la terre promise à leurs pères, il promet de donner le commandement général de ses troupes à celui qui monterait le premier sur les murs de la ville, et qui chasserait de la citadelle ces aveugles et ces boiteux qu'on se vantait de pouvoir lui opposer, car il nommait ainsi par dérision les Jébuséens. Les Israélites, enflammés par l'espoir d'une si belle récompense, poussèrent un cri de joie. David donna le signal de l'assaut, et bientôt toute la belliqueuse jeunesse des douze tribus en vint aux mains avec les ennemis. Jébus vit alors ce qu'il avait à craindre d'Israël, et ses antiques et épaisses murailles se couvrirent promptement de défenseurs plus réels et plus capables de résister à l'attaque de l'armée de David; mais Dieu combattait pour son peuple, et la défense vigoureuse des Jébuséens ne servit qu'à retarder la victoire.

Parmi tant de guerriers empressés autour de la cité idolâtre, ceux de Juda se distinguaient par leur intrépide bravoure. Le lion de leur tribu flottait, à la tête de toutes les autres bannières, sur leur étendard, couleur d'émeraude [1]. Déjà, depuis le commencement du règne de David, une partie de la prophétie de Jacob en faveur de Juda s'était accomplie : « Juda, s'était écrié le saint patriarche avant de mourir, tes frères te loueront; ta main mettra sous le joug tes ennemis; les enfants de ton père t'adoreront. » David était loué dans les chants et les cantiques d'Israël; il avait vaincu tous les ennemis qu'il avait attaqués, et son peuple l'honorait comme son souverain, en attendant le jour où le MESSIE, incarné dans le sein d'une Vierge de Juda, serait adoré comme son Seigneur et son Dieu par l'univers tout entier. Dans ce jour mémorable où Juda, devançant ses frères, gravit les hautes mu-

---

[1] Gen. ch. XLIX, v. 8.

railles de Jérusalem, il se souvint sans doute de la prophétie de son père mourant, et quoique plus de cinq siècles se fussent écoulés depuis lors, entraînant avec eux les générations éteintes, combien ce souvenir divin dut animer encore son intrépidité naturelle. « Juda, mon fils [1], avait ajouté Jacob, ainsi qu'un jeune lion, tu t'es levé pour ravir ta proie ! »

En voyant flotter sur leur drapeau vert le signe qui leur rappelait constamment ces paroles mémorables, avec quelle nouvelle ardeur les guerriers de la noble tribu dûrent-ils se précipiter sur leurs ennemis, et le disputer d'efforts et de courage à leurs frères, pour arriver les premiers sur les remparts de Jérusalem et faire briller aux yeux consternés des Jébuséens le lion redoutable, emblème de la force de leur maison qui venait de s'asseoir avec David sur le trône d'Israël. Joab, fils de Sarvia, sœur aîné de ce prince, les devance tous, et laissant derrière lui la troupe illustre des trente héros de David [2], il dresse son échelle sur le rocher qui sert de base aux fortifications de Jébus, grimpe à travers une grêle de flèches et de pierres, s'établit sur la brèche, écarte à grands coups d'épée tous ceux qui se présentent, et plantant son étendard sur les murs crénelés

---

[1] Gen. ch. XLIX. v. 9.   [2] I. Paralip. ch. XI.

de l'antique forteresse [1], il tient ferme au milieu des ennemis, prouvant que si l'intrépidité était marquée comme l'apanage de sa tribu, elle devait être, pour ainsi dire, inhérente à la famille royale, dont le sang coulait si abondamment dans ses veines. A la suite de Joab, mille autres guerriers, animés par son exemple, s'élancent à ses côtés, et comme un torrent impétueux se répandent en peu d'instants par toute la ville, faisant main basse sur les idolâtres qui si long-temps avaient insulté à Israël du haut de leurs murailles.

Les portes de Jébus s'ouvrirent alors, pour la première fois depuis cinq siècles, aux Israélites. David y entra triomphant avec ces braves, dont les noms sont cités avec honneur dans l'Ecriture, et alla prendre possession du palais des rois Jébuséens.

Une fois maître de Jérusalem, David, qui avait pu juger de l'importance de cette place par la longue résistance qu'elle avait offerte depuis plusieurs siècles, résolut d'en faire le siège de son royaume et d'y transporter sa résidence. Il abandonna donc Hébron, après y avoir demeuré pendant près de huit ans, et vint fixer son séjour dans

---

[1] Les peintures égyptiennes trouvées dans le tombeau d'Osymandias à Thèbes, représentant les citadelles antiques avec des créneaux comme les châteaux du moyen-âge.

le palais des princes Jébuséens dont il augmenta considérablement l'étendue et la magnificence. Il chargea Joab d'abattre les murs des deux antiques forteresses de Jébus et de Salem, et de construire une nouvelle enceinte qui, en agrandissant la ville, mettrait à l'abri des mêmes fortifications, les divers quartiers de Jérusalem, qui jusqu'à ce jour avaient été séparés par leurs enceintes respectives. En même temps on enferma dans les murs un vaste terrain, autrefois inhabité, qui s'étendait au midi jusqu'à la vallée des enfants d'Ennom, qu'on fit servir comme de fossé à la nouvelle ville, tandis que du côté opposé, la profonde vallée de Mello, qui séparait l'ancienne Jébus de la montagne de Moria, servait de fossé au mur septentrional.

Pendant que David travaillait à fortifier et à agrandir sa capitale, les Philistins, peuples chananéens qui habitaient toute la côte de la Palestine, le long de la mer Méditerranée, ne purent voir sans jalousie le succès qui couronnait toutes les entreprises du nouveau roi : depuis leur victoire de Jezrahel, où Saül avait péri avec toute sa famille, ils avaient conservé plusieurs postes importants, jusqu'au centre même du territoire des Israélites, où ils entretenaient des garnisons. Ils en profitèrent pour se rendre à la fois dans la vallée de Raphaïm qui s'étend au midi de Jérusalem vers Bethléem [1], d'où ils menacèrent subitement la nouvelle conquête de David, avec une armée des plus nombreuses qu'ils eussent encore mises sur pied. C'était le dernier et le plus puissant effort de ce peuple idolâtre, qui n'avait que trop long-temps opprimé les Israélites et qui devait enfin disparaître du rang des nations [2]. David, dont les travaux ne faisaient que commencer autour de Jérusalem, jugea d'y attendre les ennemis; il y laissa seulement autant de monde qu'il en fallait pour protéger les travailleurs, et alla se porter avec ses troupes aux environs de la caverne d'Odollam, retraite jugée inaccessible au milieu des montagnes, et qui lui servait de forteresse et de lieu de refuge, mettant par un détour les Philistins entre son armée et Jérusalem. Malgré le nombre et la qualité de ses troupes, il ne crut pas toutefois devoir donner la bataille sans avoir consulté le Seigneur, auteur de ses succès. Deux fois l'oracle divin lui répondit par la bouche du grand prêtre qu'il serait vainqueur, et deux fois David, obéissant aux décisions du Très-Haut, remporta une victoire complète sur ses ennemis, qui, dépossédés de toutes les places qu'ils avaient conquises sur les Israélites, furent eux-mêmes

---

[1] I. Paral. xiv. ch. 18.

[2] On trouve encore plusieurs batailles de David contre les Philistins, dans l'Ecriture, mais de moindre importance réelle.

contraints de leur payer un tribut annuel. Tant
d'exploits excitèrent en peu de temps autant de terreur que d'admiration parmi les peuples voisins,
dont la plupart se soumirent d'eux-mêmes au roi
des Hébreux; et la protection si éclatante dont le
Ciel l'environnait, en inspirant cette crainte salutaire aux idolâtres, procura aisément à son
peuple la paix et le repos qu'il désirait; ainsi
que la prospérité qui en est ordinairement l'heureux effet.

Cette guerre, qui avait eu des résultats si avan-
tageux pour la nation, avait fait naître en même
temps pour David une sympathie mêlée d'admiration dans le cœur d'Hiram, roi de Tyr, capitale
de la Phénicie, et alors la cité la plus riche et
la plus commerçante du monde. Ses navigateurs,
si fameux dans l'histoire, avaient parcouru, disait-on, toutes les mers, et il n'y avait ni île ni
contrée, quelqu'éloignée qu'elle fût, qu'ils n'eussent explorée. Ayant appris les victoires de David,
Hiram l'avait envoyé complimenter par des ambassadeurs qu'il avait chargés d'offrir au roi d'Israël
des matériaux et des ouvriers pour achever de
bâtir et d'orner les édifices qu'il faisait construire
dans Jérusalem. David reçut avec reconnaissance
une offre aussi avantageuse, les Tyriens étant
renommés pour être les ouvriers et les artistes
les plus habiles. Leurs relations intimes avec les

Egyptiens les avaient mis à même d'emprunter ce que le style de leur architecture avait de grand et de sévère, et leur commerce avec l'Inde leur avait fait connaître tout ce que le style oriental avait de pompeux et de varié.

Les forêts du Liban furent mises alors à contribution; et tandis qu'on en enlevait les cèdres majestueux, les uns pour décorer les murs et les parquets du palais de David; les autres, gardant leur feuillage entier avec leurs racines et la terre qui les environnait, pour orner ses jardins, étaient transportés par mer le long de la côte; on coupait au vif les entrailles de la montagne pour en tirer les marbres précieux qu'Hiram envoyait tout préparés à Jérusalem.

David, monarque aussi pieux qu'il était guerrier intrépide, en voyant s'élever les magnifiques lambris de cèdre et les plafonds de marbre de son palais, songeait, avec l'amertume d'une âme profondément religieuse, que l'Arche d'alliance, le marchepied et la résidence particulière du Très-Haut, lorsqu'il voulait se communiquer avec son peuple, restait abandonnée, presque sans culte et sans sacrifices, dans la maison et sous la garde d'un simple lévite. En effet, depuis quarante-huit ans, l'Arche du Seigneur, loin du tabernacle qui était resté à Silo avec tout l'appareil des sacrifices, demeurait en dépôt dans la maison d'Aminadab, à Cariat-Hiarim, ville de la tribu de Juda, où elle avait été placée une première fois, après qu'elle eut été rendue par les Philistins qui l'avaient prise dans les derniers jours de la judicature du pontife Héli.

David, ayant donc convoqué les principaux officiers de l'armée, les grands de sa cour, les princes et les anciens de la nation avec les chefs des Lévites et des familles sacerdotales, leur proposa d'emmener l'Arche d'alliance à Jérusalem, et de lui établir une demeure dans cette ville, comme étant la plus forte et la plus considérable du pays, et par conséquent la plus convenable pour y fixer le sanctuaire de Jéhova. Toute l'assemblée agréa par de vives et nombreuses acclamations la proposition du roi, qui s'empressa d'envoyer aussitôt des courriers dans toutes les tribus, afin d'avertir les prêtres et les peuples de se trouver au jour marqué pour la cérémonie du transport de l'Arche à Jérusalem.

Pendant que les tribus accouraient de toutes parts, le pieux monarque faisait préparer dans le quartier renfermé autrefois dans l'enceinte de la citadelle de Jébus, à laquelle il avait donné le nom de ville de David, un nouveau tabernacle construit sur le modèle de celui de Moïse, pour recevoir l'Arche d'alliance. La plus vaste cour de son palais, environnée tout autour de portiques de marbre, fut destinée au sanctuaire devant lequel on construisit un autel pour y brûler les holocaustes.

Le jour de la cérémonie, on se rendit solennellement à Cariat-Hiarim ; on tira l'Arche de la maison d'Abinadab ; mais une première faute fut commise alors ; au lieu de la faire porter sur les épaules des prêtres, comme il était ordonné par Moïse au livre des Nombres[1], on la mit sur un chariot à découvert et sans le voile qui devait dérober sa sainteté aux yeux profanes[2] de la foule, comme il était également commandé de la part de Dieu. On se mit en marche. Osa et Achio, fils d'Abinadab, conduisaient le chariot ; David et tout le peuple témoignaient leur joie par des cantiques de joie et de triomphe, que les musiciens les plus habiles accompagnaient du son harmonieux d'une foule d'instruments. Après un espace d'environ quatre milles[3], comme on arrivait à l'entrée des faubourgs de Jérusalem, à l'endroit appelé l'Aire de Nachon, les bœufs qui traînaient le chariot ayant regimbé, et l'Arche se trouvant en danger d'être renversée, Oza y porta hardiment la main pour la retenir ; il fut aussitôt frappé du Seigneur, et tomba mort devant l'Arche

---

[1] Nomb. ch. 4. v. 15.   [2] Ibid.

[3] Un peu plus d'une lieue.

que les prêtres seuls , descendants d'Aaron , avaient le droit de toucher.

Cet évènement si inattendu et si terrible frappa de terreur tous ceux qui étaient présents; et dans la crainte d'attirer quelque malheur sur sa maison, David n'osa persister dans le dessein qu'il avait eu de faire transporter l'Arche dans son palais. On la déposa dans la maison d'un lévite , nommé Obed-Edom , qui demeurait près des faubourgs de Jérusalem , à l'endroit où le chariot s'était arrêté. Ce lévite, qui eut le bonheur de posséder pendant trois mois un trésor aussi précieux , en éprouva aussitôt les heureuses conséquences : l'abondance et la fécondité se répandirent de toutes parts dans sa maison , comme « les bénédictions sans nombre qui se répandent sur l'homme qui a la crainte du Seigneur [1]. »

Il était naturel que David en fît lui-même une heureuse expérience ; en voyant les biens dont la maison d'Obed-Edom était comblée , il oublia les craintes que lui avait inspirées la mort d'Oza, pour ne plus songer qu'aux bienfaits multipliés qu'il avait lui-même reçus d'en haut, et que la présence de l'Arche était destinée à lui donner encore.

Tout ce qu'Israël renfermait de distingué fut convoqué de nouveau à Jérusalem , pour assister

[1] Ps. CXXVII , 4.

à la translation de l'Arche. Comme pour faire perdre le souvenir de l'accident qui avait interrompu une première fois cette cérémonie, rien ne fut oublié de ce qui pouvait servir à en rehausser la grandeur et la magnificence, et rien n'est plus pompeux que ce que rapporte l'Ecriture de cette marche auguste. Le roi qui craignait ne pouvoir jamais en faire assez pour le culte de Jéhovah, en avait lui-même tracé toute l'ordonnance. On ignore à quelle époque de l'année cette fête eut lieu ; cependant on ne peut s'empêcher de penser qu'un prince aussi souverainement pieux que l'était David, qui cherchait toujours autant que possible à renouveler dans le cœur de son peuple la mémoire des bienfaits du Seigneur, n'ait choisi pour solenniser la translation de son Arche un des jours consacrés du calendrier hébraïque, peut-être une des néoménies au commencement de chaque mois.

Comme en toutes les fêtes solennelles qui commençaient ordinairement le soir chez les Hébreux, David ne s'était rendu à la maison d'Obed-Edom qu'après le coucher du soleil, et ce fut à la clarté d'une multitude de flambeaux que le cortège partit de chez l'heureux lévite pour rentrer dans Jérusalem. Une députation des douze tribus d'Israël ouvrait la marche, ses princes en tête, portant chacun l'étendard de sa tribu ; derrière eux s'avançait tout le corps des Lévites, partagé en sept chœurs; trois de ces chœurs chantaient alternativement les cantiques composés à cette occasion par le pieux monarque, en s'accompagnant de leurs harpes sonores; trois autres chœurs, portant des instruments plus clairs et plus retentissants, en jouaient dans les intervalles que leur laissaient les premiers; la dernière troupe marchait autour de l'Arche, l'épée nue à la main, comme les défenseurs choisis du sanctuaire. Entre chaque troupe de Lévites, de nombreux sacrificateurs, armés de leurs couteaux sacrés, et vêtus de leurs longues robes de lin, conduisaient les taureaux et les béliers qu'on destinait à être offerts en holocauste au Seigneur pendant le chemin [1]. Les princes des prêtres, ayant à leur tête le souverain pontife Abiathar, marchaient immédiatement devant l'Arche. Une mitre de fin lin, une robe du même tissu, blanche et flottante, serrée seulement au-dessus des reins par une ceinture brodée d'or, d'hyacinthe et de pourpre, composaient leur costume, dont ils ne pouvaient être revêtus que pendant la durée de leur service; tous portaient de grands encensoirs d'or, dont ils balançaient légèrement les parfums devant l'Arche.

Le souverain pontife se distinguait parmi tous

____

[1] I Paral. ch. xv.

les autres par la richesse et la noble variété de son costume. Il avait la première tunique des simples prêtres, longue et blanche qui descendait jusqu'à terre, puis une seconde d'un bleu céleste d'hyacinthe, un peu moins longue et ornée d'une frange composée de grenades d'or et de pourpre, entremêlées de petites sonnettes d'or. Au dessus de ces deux tuniques, il portait l'*Ephod*, espèce de chasuble d'étoffe précieuse, tissue d'or, d'hyacinthe, de pourpre et d'écarlate, teinte deux fois et de fin lin retors, dont le travail était admirable. Deux pierres du plus grand prix, gravées aux noms des douze tribus d'Israël, retenaient en forme d'agrafes les deux parties de l'éphod sur ses épaules; sur la poitrine, ces douze noms répétés sur d'autres pierres diversifiées de couleur, selon la bannière de chaque tribu, formaient ce que les Juifs appelaient le *Rational du jugement*. Elles portaient au centre des noms des douze enfants de Jacob, ces mots remarquables : *Doctrine* et *Vérité*, pour exprimer que le grand-prêtre devait réunir ces deux caractères, dont il devait surtout se revêtir lorsqu'il avait à paraître devant le Seigneur, afin d'intercéder pour son peuple; enfin sur sa tête brillait le nom trois fois saint de Jéhova, gravé sur la lame d'or qui ornait sa tiare.

Au milieu des prêtres, marchait aussi David, qui, par respect pour la majesté du Très-Haut, avait quitté les insignes de la royauté, s'étant revêtu d'un éphod comme le grand-prêtre, vêtement que les rois de Juda avaient le privilége de prendre en certaines occasions. Au lieu de sceptre, il portait un léger instrument à cordes, espèce de petite harpe ou de lyre, dont il s'accompagnait en entonnant les cantiques de triomphe qu'il avait composés. A la suite du cortège sacerdotal, quatre prêtres portaient sur les épaules l'Arche sainte, recouverte d'une riche draperie d'Egypte, brochée de fleurs d'or. Au moment où elle apparut, sortant de la maison d'Obed-Edom, pour se mettre en marche, les deux prêtres porteurs des trompettes sacerdotales [1], sonnèrent fortement, mais d'un son vif, serré et entrecoupé, pour annoncer le départ, selon que l'avait ordonné Moïse [2], et ces sons se répétèrent au loin jusqu'à Jérusalem et dans les montagnes voisines. Le reste des princes, des seigneurs, des anciens d'Israël, tout le peuple accouru pour cette auguste cérémonie, se mirent à la suite de l'Arche; et quand les trompettes eurent cessé, le premier chœur des Lévites entonna le Psaume LXVII° : « Que le Seigneur se lève et que ses ennemis se dissipent, et que ceux qui le haïssent s'enfuient de devant sa face ! » Ces paroles étaient celles que, depuis le temps de Moïse, on

---

[1] Nomb. ch. x. v. 5. [2] Idem.

chantait chaque fois que l'Arche sainte apparaissait
pour changer de demeure, et c'était sur ce thème
magnifique que David avait composé, selon plusieurs interprètes, pour l'occasion présente, le
psaume LXVIIe tout entier, dans lequel chaque
strophe paraissait prophétiser le triomphe de la
résurrection de Jésus-Christ, vraie arche d'alliance
de Dieu avec l'Eglise, s'élevant vers le ciel, comme
autrefois l'arche de Moïse était montée à Jérusalem.

Le saint cortège s'avançait ainsi lentement,
tantôt au bruit harmonieux de mille instruments
accordés sur une modulation majestueuse, tantôt
au son des voix qui chantaient les cantiques célèbres qui nous sont parvenus avec les autres ouvrages de l'Ecriture. De six pas en six pas, les sacrificateurs qui marchaient avec chacun des chœurs
de Lévites, s'arrêtaient devant autant d'autels disposés à cet effet le long de la route que devait
parcourir l'Arche; sur chacun de ces autels, on
immolait deux victimes, un taureau et un bélier,
dont on ne brûlait que la graisse, selon que le pres-
crivait la loi touchant les sacrifices pacifiques, tels
qu'étaient ceux-ci. On lit dans le premier livre
des Paralipomènes[1], que le second chœur des
Lévites chantait à cette occasion les psaumes qui
sont intitulés dans l'hébreu, ALAMOTH, et dans la

_____

[1] I Paral. ch. xv. v. 20, etc.

Vulgate : *Pro Arcanis*, c'est-à-dire le ixe qui commence par ces paroles : « Je vous louerai, Seigneur, du plus profond de mon cœur ; je raconterai toutes vos merveilles. » Et le xlvie qui commence ainsi : « Le Seigneur est notre force et notre refuge... » On croit que David avait composé ces psaumes pour être chantés à la translation de l'Arche. Ce fut aussi le second chœur des Lévites qui fut chargé de chanter un cantique de triomphe, en s'accompagnant du son des harpes, en mémoire des différentes victoires que David avait remportées sur les Philistins : ce sont les psaumes vi et xi , intitulés dans l'hébreu : AU VAINQUEUR, selon la traduction de saint Jérôme, et dans lesquels le Prophète-roi dit : « Que le Seigneur a exaucé sa prière; qu'il souhaite de nouveau que tous ses ennemis soient confondus et dissipés ! »

L'Arche sainte arriva ainsi dans Jérusalem, à la lueur des flambeaux et des feux constellés du firmament. Dans la joie dont il était animé, David, qui jusqu'alors avait chanté avec les Lévites, voulut exprimer plus vivement tous les sentiments dont son cœur était rempli pour le Seigneur; il dansa devant l'Arche, au moment où, passant sous les fenêtres de son palais, il y allait entrer avec tout le cortége.

Dès que l'Arche fut arrivée dans le palais, on la plaça dans le Tabernacle que David avait fait dresser, et l'on offrit au Seigneur des holocaustes, auxquels on ajouta de nouvelles victimes pacifiques. Après qu'il eut achevé les sacrifices qu'il avait offerts, il bénit le peuple au nom du Dieu des armées, et fit distribuer à toute la multitude une part abondante des offrandes qui avaient été considérables.

Cependant ce grand monarque, peu content des honneurs qu'il avait rendus à l'Arche du Seigneur (an du monde 2960), songea à lui élever un temple qui fût plus digne de recevoir le dépôt sacré; en voyant les toits de cèdre et de marbre de son palais, il se demandait avec un profond sentiment de religion si, au milieu de tant de splendeur, l'Arche d'alliance devait rester dans une tente. Les préparatifs du nouveau Temple furent faits, et les rois voisins y contribuèrent en faisant transporter à Jérusalem les matériaux les plus rares de leur pays. Mais Dieu se contenta de la bonne volonté de David; il lui envoya le prophète Nathan pour lui dire que des mains, teintes de sang ennemi dans tant de guerres cruelles, ne pouvaient lui élever un temple de paix, et qu'il devait laisser les soins de cet ouvrage à son successeur, que les desseins éternels avaient désigné à cet effet.

Salomon fut sacré roi d'Israël, et reconnu en cette qualité par ses frères, par les grands et par le peuple, quelque temps avant la mort de David. Il avait vingt-trois ans, lorsqu'il commença à gouverner seul le royaume d'Israël; et il ne tarda pas à s'occuper de la construction du temple fameux qui porta son nom, et dont toutes les traditions vantèrent la grandeur et la magnificence. Salomon, à qui Hiram, roi de Tyr, avait envoyé ses meilleurs architectes et ses meilleurs ouvriers, ayant à leur tête un autre Hiram, acheva dans l'espace de sept années cet édifice merveilleux. Il avait à cet effet fait aplanir le sommet de la montagne de Moria, dont l'escarpement, à partir des ravins qui l'environnaient, était couvert d'ouvrages en maçonnerie, construits de pierres de taille d'une dimension gigantesque qui faisaient comme une suite de grands édifices, disposés en gradins, les uns au-dessus des autres, et qui communiquaient d'étage en étage par de larges et somptueux escaliers, depuis le fond de la vallée jusqu'au faîte de la colline où s'élevait le Temple.

Sur le plan équarri du Moria, trois rangées d'édifices, soutenus par des milliers de colonnes de marbre, renfermaient autant de cours, où la hauteur prodigieuse des portiques, la religieuse gravité qu'on admire encore aujourd'hui dans les ruines de la grande Thèbes, unie à tout ce que l'on trouve de grace et de majesté dans les antiques palais de l'Asie, formaient dans leur ensemble un coup-d'œil tel qu'au premier aspect l'étranger qui venait à Jérusalem, saisi d'admiration et de respect, s'écriait : *Bethel!* c'est bien ici la maison de Dieu!

Dans la première de ces cours qu'on appelait *le parvis* des Gentils, toutes les nations de la terre venaient adorer le Seigneur et offrir leurs présents. Dans la seconde *ou parvis d'Israël*, le peuple Israélite et les prosélytes ou idolâtres, convertis au vrai Dieu, pouvaient seuls pénétrer et jeter de là un regard à travers les colonnades du dernier portique, sur la troisième cour *ou parvis* des prêtres. Là, les enfants de Lévi et d'Aaron offraient pour eux leurs prières et leurs sacrifices. Dans cette enceinte, qui était la plus vaste, s'élevait au fond la porte tournée vers l'Orient, le Temple lui-même ou le Sanctuaire, formant un carré long de plus de cent pieds entouré d'appartements, servant à divers usages, et sur le devant duquel s'étendait un large vestibule de marbre. Deux tours d'un style grave et majestueux, telles que sont encore aujourd'hui les propylées du temple d'Esneh, à demi enfoncés sous les sables de la Thébaïde, servaient de péristyle à ce superbe édifice, dont l'entrée entre les deux tours s'ouvrait sur le vestibule, fermée par des portes de bronze, ciselées d'après toute la beauté de l'art antique. Ce sanctuaire, où ne pénétraient que les prêtres seuls, était divisé dans la longueur en deux parties, séparées par un portique de marbre, mais où l'on ne voyait, au lieu de portes, qu'un large voile, tissu comme les ornements du grand-prêtre, de ce qu'il y avait de plus riche et de plus précieux.

Au fond, derrière le voile, le *Saint des Saints*, la partie la plus intime et la plus sacrée du Sanctuaire, où le souverain pontife ne pouvait entrer qu'une fois l'an, au jour de la fête des expiations, le dixième de la lune de septembre. Là, sur une estrade magnifique, reposait l'arche d'alliance environnée de chérubins d'or qui semblaient la couvrir de leurs ailes. Des groupes de palmiers aux ornements ciselés d'or, sculptés le long des murs et disposés en colonnade, s'élançant gracieux et sveltes vers le plafond, paraissaient destinés à le soutenir, ajoutant je ne sais quoi d'élégant et de majestueux à la magnificence de ce lieu sacré, où tant de mains habiles avaient travaillé, comme à l'envie, pour décorer le séjour du Seigneur, la demeure du Dieu d'Israël.

Dans l'autre partie du Sanctuaire, appelée le *Saint*, outre les groupes de palmiers, disposés comme dans le Saint des Saints, on voyait les chandeliers ou candelabres d'or à sept branches, ciselés sur le modèle de celui de Moïse. Ils étaient rangés le long du mur des deux côtés du *Saint*, au milieu duquel s'étendaient, sur deux rangs, les cinq tables d'or avec les pains de proposition et les cinq autels d'or, où l'on brûlait deux fois le jour les parfums les plus précieux devant le Seigneur [1].

Au milieu du parvis des prêtres s'élevait l'autel des holocaustes, fondu en airain, d'environ quinze pieds de haut et large en proportion, auquel on montait par une rampe douce sans degrés. C'était sur cet autel qu'on brûlait les hosties, matin et soir, et qu'on entretenait le feu perpétuel. A l'extrémité orientale du même parvis, on voyait la *mer d'airain*, vase immense appuyé sur douze bœufs de bronze d'une dimension colossale, et qui contenait, comme en un vaste réservoir, une eau toujours fraîche pour le service du Temple. Cette eau s'épanchait dans un large bassin de bronze, où les prêtres venaient se purifier, avant de se rendre à leurs fonctions.

Il faudrait un volume entier pour enumérer toutes les richesses que Salomon amassa dans le Temple, tant en vêtements pour les prêtres, qu'en vases ou autres ustensiles d'or et de bronze, dont le nombre était prodigieux, sans compter une multitude

---

[1] Les pains de proposition étaient des pains sans levain, pétris d'huile, au lieu d'eau que la loi donnée par Moïse ordonnait de mettre au nombre de douze, comme un banquet perpétuel devant Dieu, dans le *Saint*, et de renouveler chaque semaine, le jour du sabbat. Ils étaient sur une table. Salomon en fit faire cinq et autant d'autels pour les parfums, au lieu d'un, afin d'accroître la majesté du sanctuaire.

d'ornements d'or, sous lesquels le marbre et le bois de cèdre, employés dans la construction de ce magnifique édifice, semblaient se dérober. Nous ne devons pas omettre que dans les nombreux appartements multipliés pour divers usages autour du sanctuaire et des portiques, on trouvait dans une proportion égale les même richesses que dans tout le reste.

Salomon, ayant achevé au bout de sept ans tous ces grands ouvrages (septembre, octobre, an du monde 3001, avant Jésus-Christ 1003), écrivit aux juges, aux anciens et aux princes d'Israël, de se rendre sept mois après à Jérusalem, pour y voir le Temple et y assister avec tout le peuple, à la cérémonie de la dédicace. Ce septième mois était celui que les Hébreux nommaient *Thury*, et la fête était fixée à l'époque de la fête des Tabernacles, une des plus solennelles de la nation. Quand tout le monde fut réuni, on transporta dans le temple l'arche d'alliance, qui se trouvait encore dans le palais de David, sur le mont Sion, avec tous les instruments des sacrifices. Toutes les rues, jusqu'à la montagne de Moria, furent arrosées du sang des victimes offertes par le roi, par les Lévites et par le peuple, et l'on brûla une si prodigieuse quantité de parfums que toute l'atmosphère en était embaumée au loin.

A peine étaient-ils sortis du Sanctuaire, et rangés autour de l'autel des holocaustes avec les autres prêtres, se préparant à immoler les victimes, au son des chants et des instruments, que le Seigneur manifesta sa présence par une douce nuée d'une couleur ineffable qui couvrit tout le Temple. Dès qu'elle fut dissipée, Salomon rendit graces au Très-Haut, et debout sur sa tribune de bronze, il bénit le peuple assemblé dans le Temple. Pendant les sept jours que dura cette fête, et les sept qui suivirent la fête des tabernacles, on immola un si grand nombre de victimes, que la nation presque toute entière, rassemblée à Jérusalem, put prendre une part abondante des holocaustes.

Le temple élevé au Seigneur ne fut pas le seul édifice que Salomon construisit à Jérusalem. Il agrandit cette ville d'un vaste quartier qui se joignait à la partie septentrionale de la cité de David, à l'occident du temple ; et ce fut dans ce quartier nouveau qu'il fit bâtir son palais et celui de la reine, son épouse, fille du roi d'Egypte. Il y employa une magnificence proportionnée à celle qui parut dans tous ses ouvrages, et les cèdres plantés dans ses jardins firent sans doute donner à son palais le nom qu'il porta de Palais du Roi du Liban. Il s'y était fait faire, sous les portiques de la cour hypostite, un trône d'ivoire et d'or, orné de lions, d'où il rendait la justice à son peuple ; et ce fut là qu'il reçut la célèbre reine de Saba. lorsque cette princesse, attirée par son immense renommée, vint du fond de l'Afrique visiter ce prince illustre. Pour satisfaire la reine, dont le palais bordait la vallée de Mello qui séparait les deux palais du temple, il fit combler en partie cette vallée, la fit entourer de murs et en fit un jardin de plaisance, ce qui fut une des premières causes du mécontentement du peuple, qui venait auparavant y tenir ses assemblées [1]. Il jeta ensuite au-dessus de la vallée un pont avec une galerie magnifique qui conduisait directement de l'intérieur de son palais dans le temple, vis-à-vis de la porte occidentale.

Cependant ce prince si sage, qui avait donné des preuves si grandes de sa piété, qui avait gouverné pendant tant d'années son royaume avec une admirable prudence, qui avait fait jouir son peuple d'une paix si profonde, que tous les rois de l'Orient lui rendaient hommage, ce prince si grand se laissa aller à la fin de ses jours aux plus honteux penchants; il fut un exemple extraordinaire et terrible de l'aveuglement, où les passions mauvaises peuvent entraîner le cœur le plus sage. Perdant avec la pureté des mœurs sa fidélité au Dieu qui l'avait comblé de tant de bienfaits, il se dégrada jusqu'au point de bâtir des temples aux idoles sur les hauteurs qui environnent Jérusalem. Dieu

[1] 3 Rois, ch. xi.

lui apparut pendant la nuit pour lui reprocher son ingratitude, et le prince qui avait été long-temps le plus sage de tous les hommes, mourut dans un état qui donne à plusieurs saints Pères un juste sujet de douter de son salut. Un grand nombre d'autres estiment toutefois que le Seigneur laissa à ce prince, qu'il avait tant aimé, le temps de faire pénitence.

Les successeurs de Salomon imitèrent pour la plupart les écarts de ce prince, plutôt que les grands exemples de sagesse qu'il leur avait donnés. Dès le règne de Roboam son fils, Jérusalem fut pillé et le temple dévasté par Sésac, roi d'Egypte. De temps en temps, des princes pieux et fidèles se distinguèrent, comme Josaphat, Joatham, Ezéchias, par l'équité et la sagesse de leur gouvernement; mais, le plus souvent le prince et le peuple s'attirèrent par leurs prévarications les châtiments du Très-Haut.

Dieu suscita des prophètes pour reprocher aux Juifs leurs infidélités et leur idolâtrie. Isaïe et Jérémie firent entendre leur voix puissante, et déroulèrent devant ce peuple ingrat les prodiges qui devaient accompagner et suivre la venue du Messie, ainsi que les épouvantables malheurs qui devaient fondre sur Jérusalem et sur la nation déicide.

Manassé, un des rois les plus impies, fatigué des avertissements et des reproches du prophète Isaïe, le fit scier par le milieu du corps avec une scie de bois.

Pour le punir d'une si grande atrocité, Dieu livra sa capitale aux généraux Assyriens qui le menèrent captif et chargé de fers. Cet évènement arriva la vingt-deuxième année du règne de Manassé qui, dans les fers, ouvrit enfin les yeux à la vérité; il reconnut ses égarements et en fit pénitence. Dieu, touché de son humiliation, exauça ses prières et ses larmes. Il disposa en sa faveur le roi de de Babylone, qui le renvoya dans ses états où il continua à régner. Il songea aussitôt à réparer le mal qu'il avait fait, en ruinant l'idolâtrie avec ses autels, fit purifier le temple et y rétablit les sacrifices solennels qu'on avait coutume d'offrir au Seigneur. Il fit travailler en même temps à la muraille qui environnait la fontaine de Géhon, et ajouta à la ville de Jérusalem un quartier considérable, qu'on trouve dans l'Ecriture être appelé *la seconde* [1]; il y éleva des murailles vastes et fortifiées de tours depuis la porte des prisons jusqu'à Ophel, et donna de fortes garnisons à toutes les villes de Juda.

Josias, petit-fils de Manassé, fut un prince selon le cœur de Dieu, mais ses successeurs ne l'imitèrent pas. Nabuchodonosor, roi de Babylone, s'em-

---

[1] Sophon. ch. 1, v. 10. et 4 Rois, ch. 22, v. 14.

para de Jérusalem et la pilla plusieurs fois sous le règne de Jéchonias ; il prit les vases d'or du temple, les trésors de la maison du roi, et tout ce qui restait encore de la magnificance de Salomon, et que la guerre avait pu respecter jusqu'alors. Le prophète Baruch [1] raconte même que le feu fut mis alors au temple, mais apparemment qu'il fut aussitôt éteint, puisqu'on continua à y faire le service comme auparavant. Sans compter les ouvriers les plus habiles du pays, Nabuchodonosor emmena aussi à Babylone dix mille hommes, tous princes, juges, magistrats ou chefs de l'armée ; le roi, la reine sa mère, ses femmes et tous les serviteurs et les officiers de son palais. Du nombre des captifs furent le prophète Daniel, encore enfant, le prophète Ezéchiel, et Mardochée, oncle d'Esther.

A la place de Jéchonias, Nabuchodonosor mit sur le trône son oncle Mathanias, troisième fils de Josias ; et pour marque d'assujettissement, il changea son nom et lui donná celui de Sédécias. Ce prince ne sut point profiter des malheurs dont il était témoin dans sa famille, et sans être aussi méchant que ses frères et son neveu, il fit également le mal devant le Seigneur, se laissant entraîner au désordre par ses favoris ; et le peuple, à son imitation, se porta à tous les excès de l'idolâtrie. En vain le pro-

---

[1] Baruch. ch. ı.

phète Jérémie lui ordonna-t-il, de la part de Dieu, de se repentir et de se corriger, sans écouter les méchants ni les faux prophètes qui le trompaient sans cesse.

Ces paroles ne faisaient pas une impression assez profonde sur Sédécias, qui les oubliait, dès qu'il entendait les discours flatteurs de ses courtisans.

Nabuchodonosor revint mettre le siège devant Jérusalem et le pressa vivement. Il avait fait construire de hautes tours, au moyen desquelles il battait les murs de la ville, et des plate-formes élevées du haut desquelles on lançait des traits et des pierres sur les assiégés, qui se défendaient avec une résolution et une vigueur extraordinaire, sans que la famine affreuse qui régnait dans la place fût capable de ralentir leur courage. Les prophètes Jérémie et Ezéchiel font une description terrible des maux de cette malheureuse cité, également tourmentée de la faim, de la peste et de la guerre, qui décimaient à la fois ses tristes habitants. Enfin, après un siège de dix-huit mois, pendant lesquels les Juifs avaient souffert tous les tourments que l'on peut imaginer, la onzième année du règne de Sédécias, les généraux de l'armée de Nabuchodonosor se saisirent de la seconde enceinte de la ville. Sédécias, avec sa famille et les princes de sa cour, renonçant à l'espoir de sauver Jérusalem, sortirent la nuit par une issue secrète, tenant aux jardins du roi, et marchèrent vers le désert de Jéricho. Poursuivis par les Chaldéens, ils furent amenés à Réblatha, en Syrie, où Nabuchodonosor tenait son quartier-général.

Ce prince, après avoir reproché à Sédécias sa perfidie, fit massacrer ses enfants en sa présence, et lui fit crever les yeux. Ce fut dans cet état qu'il fut conduit à Babylone, vérifiant ainsi la parole des prophètes, qui lui avaient prédit qu'il irait à Babylone, mais qu'il ne verrait point cette ville [1]. Il y demeura prisonnier jusqu'à sa mort. Il fut le dernier des rois de la race de David; elle avait occupé le trône environ cinq cents ans.

Les Chaldéens, s'étant rendus maîtres de Jérusalem, marchèrent aussitôt vers le temple, dont ils enlevèrent toutes les richesses. On brisa les deux colonnes d'airain qui décoraient l'entrée du vestibule, et qui passaient pour des chefs-d'œuvre; on brisa également la mer d'airain, dont on transporta ensuite tous les débris avec les vases et les ornements d'or et d'argent à Réblatha. On y amena auprès de Nabuchodonosor le grand-prêtre Saraïas, le prêtre Sophonie, qui tenait le second rang après lui, Sopher, l'un des principaux chefs de l'armée de Juda, les cinq premiers serviteurs de Sédécias et le premier officier de sa garde, qui eurent tous la tête tranchée par ordre du roi de Babylone.

[1] Ezech. ch. xii. Jérem. ch. xxxii. v. 34.

Jérusalem fut prise le neuvième jour du qua-
trième mois, qui coïncide avec le mois de juillet,
l'an du monde 3416, avant la naissance de Jésus-
Christ 588, Nabuzardan, général de l'armée baby-
lonienne, y arriva environ un mois après, avec
l'ordre d'y mettre le feu; mais il ne le mit à exécution que trois jours après.

. Ce fut peut-être dans cet intervalle que Jérémie,
à qui Nabuchodonosor avait fait rendre la liberté,
avec ordre de le traiter humainement, enleva l'Arche d'alliance du sanctuaire, et la fit porter dans
une caverne où il la déroba à tous les regards. Ce
qui est certain à cet égard, c'est qu'on n'en en-
tendit plus parler dans la suite, et qu'elle demeura
perdue pour le peuple juif. Le temple fut ensuite
livré aux flammes, ainsi que la ville et les palais
magnifiques construits par Salomon. L'armée chal-
déenne renversa aussi les murailles de Jérusalem ;
puis, après avoir réuni toutes les familles les plus
riches du royaume, elle les emmena en captivité
au delà de l'Euphrate, ne laissant de Jérusalem et
ses alentours que le pauvre peuple de la campagne
pour cultiver les champs et les vignes, et Godolias,
à qui il donna le commandement du pays.

A la prise de Jérusalem, commence la captivité de
Babylone, qui dura soixante-dix ans, selon la prophétie de Jérémie, et à la fin de laquelle commence
la seconde époque de l'histoire de Jérusalem.

LIVRE SECOND

Comprenant l'histoire de Jérusalem depuis sa destruction par les Chaldéens jusqu'à sa prise par les Romains, sous Titus.

Après la destruction de Jérusalem, Jérémie avait eu d'abord la liberté de rester dans cette malheureuse cité dont il déplorait le triste sort. Assis au milieu des débris encore fumants du Temple, il disait en pleurant dans l'amertume de son cœur : « Comment cette ville, qui était si peuplée, est-elle à présent réduite en solitude ?.... La reine des nations est devenue veuve de ses habitants. Les rues de Sion se lamentent, en voyant qu'il ne vient plus personne à ses solennités.... O vous, s'écrie-t-elle, vous tous qui passez par le chemin, considérez et voyez s'il est une douleur semblable à la mienne ; car le Seigneur m'a dépouillé, comme il m'en avait menacée au jour de sa fureur [1] ! » C'est ainsi que le prophète se

[1] Jérem. Lament. ch. 1.

plaignait en voyant les murs de Sion abattus, son temple ruiné, ses palais réduits en de sombres et noires solitudes. La ville n'offrait plus que des ruines ensanglantées et souillées de cadavres ; les tombeaux même n'avaient point été respectés ; l'avide Babylonien y avait introduit une main sacrilège pour arracher les riches dépouilles des morts ; et les ossements des rois impies qui avaient régné sur Juda, par une juste punition du Ciel [1], gisaient pêle-mêle avec les débris de leurs sépulcres, et les cadavres des Juifs qui avaient péri durant le siège de la ville.

On ne sait pas combien de temps la ville de Jérusalem demeura tout-à-fait déserte : il est toutefois certain, d'après le livre de Baruch [2], que quelques années après sa destruction, les restes misérables de la nation juive, qu'Ismaël n'avait pu, à cause de la pauvreté des uns et de la vieillesse des autres, emmener avec lui en Egypte, jusqu'alors dispersés dans les montagnes et les bourgades de la Judée, se rassemblèrent parmi les ruines de l'ancienne cité royale ; et quoique, selon le prophète Daniel, « il n'y eût plus alors d'holocaustes, de sacrifices, d'oblations, d'encens ni de prémices « à Jérusalem, ils ne laissèrent pas de prier parmi les débris du sanctuaire, en pleu-

______

[1] Baruch, ch. II. v. 24.   [2] Id. ch. I.

rant au souvenir de leurs solennités passées.

Du monument auguste bâti par Salomon, il ne restait plus que la magnifique galerie jetée sur la vallée de Mello, et qui réunissait autrefois le Temple et le palais, et la porte orientale appelée la *belle porte*. La hauteur prodigieuse de ces deux édifices, la grandeur gigantesque des pierres avec lesquelles ils étaient bâtis, en contribuant à leur solidité, devaient par leur éclatante blancheur [1], autant que par la richesse de leur style et la hardiesse de leurs proportions, faire juger aux siècles futurs de la différence qui existerait entre le Temple de Salomon et celui de Zorobabel ou d'Hérode.

Réunis pour prier au pied de ces restes de l'ancienne magnificence de leur culte, ces Juifs infortunés, que la captivité semblait avoir dédaignés, dressèrent un autel sur lequel ils résolurent d'immoler des victimes en sacrifice, pour l'expiation des péchés du peuple, afin de conserver au moins quelque reste du culte public; qu'ils avaient autrefois offert si solennellement au Seigneur. Un prêtre, peut-être le seul qui ne fût point captif sur la terre de l'exil, sans doute à cause de son grand âge, appelé Joakim, de la famille du souverain pontife, fut chargé d'offrir ces sacrifices.

[1] Josèphe. Hist. des Juifs, liv. **xv**. ch. 14. — et liv. **xx**. ch. 8.

Baruch était alors à Babylone ; il y était allé après la mort de Jérémie, cinq ans après la prise de Jérusalem, consoler les captifs, en leur découvrant les prophéties que Jérémie lui avait laissées sur le rétablissement de la sainte cité, et celles que le Seigneur lui inspira à lui-même, lui découvrant dans l'avenir Cyrus, qui devait opérer la délivrance des Juifs, et dans un sens mystique Jésus - Christ le Sauveur du monde : « Tournez, s'écria-t-il, tournez les yeux du côté de l'Orient, ô Jérusalem ! et voyez la joie que le Seigneur vous envoie [1]. » Cyrus et les Mèdes devant venir du côté de l'Orient, que le prophète Zacharie donnait comme un nom propre au Messie, dans deux endroits de sa prophétie [2] ; on retrouve encore ce nom dans l'Evangile, dans le cantique de Zacharie [3].

Baruch apprit sans doute aux exilés les sacrifices que l'on faisait à Jérusalem. Il les rassembla tous au bord du Chaboras, le roi, les princes, les prêtres et le peuple, et leur exposa l'état de la cité de Sion. Tous fondirent en larmes, et donnèrent ce qu'ils purent de l'argent qu'ils possédaient pour être envoyé à Joakim, à qui l'on adressa également des vases d'argent, que Sédécias revenu, on peut le penser, de ses égarements, fit

[1] Baruch. ch. iv.   [2] Zach. ch. iii. v. 8. et ch. vi. v. 12.
[3] Luc, ch. i. v. 78.

faire pour remplacer ceux d'or que Nabuchodonosor avait enlevés du Temple.

Les temps marqués par les prophéties étant accomplis, et les soixante-dix ans de la captivité étant près de finir, Cyrus, roi des Perses et des Mèdes, qui avait conquis Babylone, se trouva seul maître de toute l'Asie. Deux cent dix ans avant la naissance de ce prince, Isaïe avait écrit au nom du Seigneur [1] : « Je parle à Cyrus, et je lui dis : Vous êtes mon pasteur, et vous accomplirez ma volonté ; j'annonce à Jérusalem : Vous serez réédifiée ; et au Temple : On vous bâtira. »

Effectivement (l'an du monde 3468) la première année de son règne, Cyrus donna un édit qui fut publié dans toutes les provinces de son empire, par lequel il annonça que le Dieu d'Israël lui ayant ordonné de rebâtir le Temple de Jérusalem, il permet à tous ceux de cette nation de rentrer dans leur pays, et de rebâtir le Temple et la ville. Les Juifs se rassemblèrent aussitôt au nombre d'environ cinquante mille, sous la conduite du prince Zorobabel, petit-fils du roi Jéchonias, et de Jésus, fils de Josedech, et petit-fils de Saraïas, souverain sacrificateur, auxquels Cyrus remit la plupart des vases enlevés par Nabuchodonosor, pour être remis à leur place dans

---

[1] Isa, ch. xliv et xlv.

le Temple. Le gouverneur de Syrie et de la Palestine recevait l'ordre en même temps de fournir aux Juifs tous les moyens de rebâtir leur Temple et leur ville, ainsi que toutes les choses nécessaires aux sacrifices. Ceux d'entre les Juifs établis à Babylone, qui ne jugèrent pas à propos de suivre leurs frères dans la Palestine, leur partagèrent une partie de leurs richesses, pour aider à la reconstruction du Temple. L'historien Josèphe raconte que le voyage de Babylone à Jérusalem se fit au son des instruments de musique, et plusieurs interprètes transportent à cette époque les quinze *Psaumes* intitulés *des Degrés*, depuis le cent dix-neuvième jusqu'au cent trente-troisième inclusivement. Ces psaumes marquent effectivement la joie du retour des Juifs à Jérusalem, et on pouvait les avoir chantés aux quinze stations qu'ils firent dans le chemin qui, de Babylone, va toujours en s'élevant jusqu'à la sainte cité.

En arrivant dans la Judée, les familles se dispersèrent, et chacune se retira dans le lieu dont elle tirait son origine; celles-là seules dont les ancêtres avaient habité Jérusalem et les chefs des tribus continuèrent leur chemin vers cette ville. Les vieillards seuls s'en souvenaient encore; ils l'avaient vue dans leur enfance, et sa mémoire était gravée dans le fond de leur cœur en caractères ineffaçables. Lorsqu'au détour du chemin, ils virent se dessiner sur l'azur du firmament les blanches colonnes de la galerie de Salomon et du péristyle de la *belle porte*, ils poussèrent un cri de joie, mais auquel se mêla bientôt la douleur, lorsqu'ils s'aperçurent que le reste du Temple et de la cité n'offrait plus que des ruines. Tous les autres entonnèrent des cantiques d'allégresse, malgré l'air d'abandon et de tristesse que présentaient toutes les rues encombrées de débris, de ronces et d'épines, par lesquelles ils passèrent. Ils marchèrent droit à la colline du Temple. En entrant dans cette enceinte, naguère si glorieuse, ils se prosternèrent et levèrent leurs mains vers le ciel, appliquant sans doute à cette circonstance ces versets du Psalmiste : « Vous vous lèverez, Seigneur, et vous aurez pitié de Sion, parce que le temps en est venu, le temps auquel vous avez promis d'avoir pitié d'elle. Vos serviteurs ont vu ses ruines, et ils en ont été dans la joie, tout en pleurant de compassion sur cette terre désolée [1]. »

Les chefs des tribus s'assemblèrent ensuite autour du prince Zorobabel et du souverain pontife Jésus, et lui offrirent avec un empressement égal à la joie qu'ils éprouvaient de leur retour à Jérusalem, une valeur, en monnaie d'or et d'argent, de plus d'un demi-million, pour aider à la re-

[1] Ps. 101.

construction du Temple, et cent habits sacerdotaux, ce qui peut paraître n'être que peu de chose, relativement aux immenses travaux qu'il fallait entreprendre, mais c'était cependant beaucoup dans la situation où ils se trouvaient. Les prêtres, les lévites, les nathinéens et le reste du peuple, avec ses chefs, se dispersèrent ensuite dans les différents quartiers de la ville, campant sans doute sous des tentes, en attendant qu'ils pussent travailler à la restaurer.

On passa sept mois environ à déblayer le Temple de ses décombres et à le préparer à recevoir l'autel des holocaustes, que Jésus et Zorobabel firent reconstruire à l'endroit où il avait été placé autrefois par le roi Salomon. Lorsqu'ils crurent qu'on pouvait, sans manquer au respect dû au Seigneur, y recommencer l'exercice solennel de la religion, ils convoquèrent à Jérusalem, pour le septième mois après leur retour, le peuple dispersé dans la Judée ; tous les Juifs s'y rendirent avec empressement, au temps précis de la fête des tabernacles, malgré la jalousie des nations voisines qui travaillèrent à les détourner de ce voyage sacré.

Le second mois de la seconde année depuis le retour de Babylone, on jeta les fondements du Temple, et ce furent, comme au temps de David et de Salomon, les Tyriens et les Sidoniens, qui se chargèrent d'envoyer par mer, le long des côtes, tout le bois et les marbres précieux dont on avait besoin pour la construction de la maison du Seigneur. Les lévites qu'on avait préposés aux travaux s'acquittèrent de leurs fonctions avec tant de soin et de diligence, que les fondements furent posés beaucoup plus tôt qu'on eût osé l'espérer. Alors les prêtres ayant à leur tête le grand sacrificateur Jésus, et revêtus de leurs ornements pontificaux, marchèrent au son des trompettes, faisant le tour de la ville et du Temple, tandis que les lévites, descendant d'Azaph, chantaient les hymnes et les psaumes composés par David à la louange du Seigneur. Ils étaient suivis de tout le peuple et des chefs de Juda, au milieu desquels se tenait le prince Zorobabel. Les vieillards, qui se rappelaient la richesse et la magnificence du premier Temple, jetaient des cris de douleur mêlés de larmes, en comparant ce qu'ils avaient vu avec ce qu'on allait entreprendre; et au contraire la joie des plus jeunes était si grande, que les plaintes des uns et les cris d'allégresse des autres étaient tels, qu'on pouvait à peine entendre le son des instruments.

Encouragés par les paroles du prophète Aggée, Jésus et Zorobabel firent reprendre les travaux du temple. « Si la gloire de cette maison n'est rien au prix de ce qu'elle a été, dit alors le prophète parlant toujours au nom du Seigneur, ne vous

découragez pas, ô Zorobabel ! armez-vous de force,
dit le Seigneur ; armez-vous de force, ô Jésus,
fils de Josedech, car je suis avec vous. Encore
un peu de temps, et j'ébranlerai tous les peuples,
et LE DÉSIRÉ DE TOUTES LES NATIONS VIEN-
DRA, et la gloire de cette maison sera plus grande
que celle de la première, dit le Seigneur des
armées.... Je vous prendrai sous ma protection [1],
ô mon serviteur Zorobabel, fils de Salathiel, et
je vous garderai comme mon sceau, parce que
je vous ai choisi, dit le Seigneur des armées. »

C'est ainsi que le prophète Aggée, auquel se
joignit aussi dans ce temps le prophète Zacharie,
ranimait le courage des Juifs, et surtout de Zorobabel, auquel il promettait si clairement que le
Messie naîtrait de sa race.

Toute la nation s'enflamma d'une telle ardeur,
que le Temple fut enfin achevé le troisième jour du
mois Adar, qui est le douzième de l'année sainte,
et qui correspond au mois de février de l'année
3489. La dédicace en fut faite ce jour-là avec
une grande solennité ; on y offrit en sacrifice cent
veaux, deux cents béliers, quatre cents agneaux
et douze boucs pour les péchés des douze tribus
d'Israël. Les sacrificateurs et les lévites y officièrent,
suivant l'ordre et le rang que leur assignait la

---

[1] Aggée. ch. II.

loi de Moïse. Enfin au quatorzième jour du mois de Nisan, qui est le premier de l'année sainte, tout le peuple avec les prosélytes, convertis au judaïsme, s'assemblèrent à Jérusalem pour célébrer la fête de Pâque ; ce qui se fit avec plus de pompe qu'on ne l'avait encore fait depuis le retour de la captivité.

Le gouvernement, qui commençait alors à se former parmi les Juifs, était aristocratique, c'est-à-dire composé des premiers de la nation, parmi lesquels les souverains pontifes eurent toujours l'autorité principale, jusqu'à ce que la famille des Asmonéens se fût élevée à la royauté [1]. Zorobabel, avec qui le grand-prêtre Jésus semblait avoir partagé la puissance jusque-là, fut envoyé alors en ambassade au roi de Perse, au nom de ses concitoyens, soit pour obtenir de nouvelles faveurs, soit pour remercier Darius de ses bontés ; il paraît ne plus avoir pris depuis ce temps une part aussi active au gouvernement, du moins ignore-t-on le reste de ses actions ; toutefois il est probable qu'il conserva toujours un rang distingué dans Jérusalem, où l'on croit qu'il mourut dans une grande vieillesse. Les Juifs demeurèrent en paix sous le règne de Darius et de son fils Xercès, auxquels ils payaient toujours le tribut, comme vassaux,

---

[1] Josèphe, hist. des Juifs, liv. ii, ch. 4.

étant subordonnés au satrape de Syrie et des autres pays situés de ce côté de l'Euphrate. Esdras et Néhémie gouvernèrent sagement sous la protection des rois de Perse. Néhémie rebâtit les murs de Jérusalem.

Durant l'espace de douze ans que Néhémie demeura à Jérusalem, il gouverna les Juifs avec autant de sagesse que de piété, n'oubliant rien pour les faire demeurer fidèles dans l'alliance qu'ils avaient renouvelée avec le Seigneur. Il repeupla entièrement Jérusalem, en engageant les prêtres, les lévites et les principaux d'entre le peuple à y bâtir des maisons.

Après Esdras et Néhémie, les souverains pontifes exercèrent pleinement l'autorité dans la Judée, sous le gouvernement des Satrapes persans de la Syrie.

Ce fut vers ce temps-là (400 ans environ avant J.-C.), qu'Alexandre le Grand, roi de Macédoine, ayant vaincu Darius Codoman, dernier roi de Perse, vint mettre le siège devant Tyr. Irrité contre Jaddus qui avait refusé d'abandonner le parti de Darius pour celui des Macédoniens, Alexandre, après avoir pris la ville de Tyr, marcha contre Jérusalem, dans l'intention de punir le souverain pontife de la fermeté de son refus. Dans un danger si pressant, Jaddus eut recours à Dieu, ordonna des prières publiques et offrit des sacrifices pour implorer sa miséricorde. La nuit suivante, le Seigneur lui apparut en songe et lui commanda de faire semer de fleurs toutes les rues de la ville, d'en ouvrir toutes les portes, et d'aller, revêtu de ses habits pontificaux, accompagné des autres sacrificateurs revêtus aussi de leurs robes sacerdotales et avec tous ceux du peuple en vêtements blancs, au-devant d'Alexandre, sans rien craindre de ce prince dont le cœur serait disposé à les protéger.

Jaddus obéit, et tout le monde se prépara, selon l'ordre du Seigneur, à attendre l'arrivée du roi. Dès qu'on apprit qu'il approchait, Jaddus fit ouvrir les portes et s'avança à la tête des sacrificateurs, suivis par tout le peuple qui marchait lentement derrière eux, jusqu'au lieu nommé *Sapha*, qui signifie *guérite*, parce qu'on pouvait découvrir de là toute la ville et le temple. Les princes syriens et chaldéens, qui suivaient l'armée macédonienne, ne doutaient point qu'Alexandre dans sa colère ne leur permît de saccager Jérusalem. Mais il arriva précisément tout le contraire de ce qu'ils attendaient. Ce prince n'eut pas plus tôt aperçu cette multitude vêtue de blanc, ces sacrificateurs avec leurs robes de lin, et le grand-prêtre avec son éphod de couleur d'azur, brochée d'or, la tiare pontificale et la lame d'or portant le nom de DIEU, qui décorait son front, qu'il s'approcha seul et se prosterna pour adorer ce NOM AUGUSTE, après avoir salué le pontife avec un respect profond.

Au même instant le peuple et ses princes, environnant le roi de Macédoine, élevèrent la voix et et lui souhaitèrent toutes sortes de prospérités et une longue vie. Les rois de Syrie et les autres courtisans, au comble de l'étonnement, paraissaient croire que le roi avait perdu l'esprit. Parménion, le premier de ses généraux et de ses confidents, lui demanda même comment il se faisait que lui, devant qui l'univers fléchissait le genou, eût adoré le grand-prêtre des Juifs. Alexandre répondit qu'il avait rendu cet honneur non à Jaddus, mais au Dieu dont il était le pontife ; que ce pontife lui avait autrefois apparu sous ce costume dans la ville de Dio, en Macédoine, lorsqu'il songeait à porter la guerre en Asie. Il l'avait dès lors encouragé à cette entreprise, et dès qu'il aperçut Jaddus, le souvenir de ce qu'il avait vu en songe s'était représenté à son esprit. « Je me suis rappelé aussitôt qu'il me promit la conquête de la Perse, ajouta Alexandre, et je suis désormais persuadé de vaincre sous ses auspices et d'exécuter les desseins que je me suis proposés. »

Ayant ainsi parlé, il embrassa Jaddus, qui le conduisit à Jérusalem. Il monta aussitôt au temple, y offrit des sacrifices, suivant l'ordre des cérémonies prescrit par le grand-prêtre [1], laissant fonction-

---

[1] Josèphe, hist. des Juifs, liv. xi. ch. ult.

ner le pontife en cette occasion solennelle ; d'après la loi mosaïque. Jaddus lui fit voir ensuite les prophéties de Daniel, où il était clairement prédit qu'un prince grec ferait la conquête de la Perse, et Alexandre, persuadé que lui seul pouvait être celui que désignaient ces divines prophéties, se disposa à quitter Jérusalem, avec l'assurance entière de réussir dans ses projets. Avant de sortir de cette ville, il convoqua les princes de la nation juive et leur demanda quelle faveur ils désiraient obtenir de lui. Ils se contentèrent de le supplier de leur permettre de vivre selon leurs lois, et de les exempter tous les sept ans du tribut ordinaire, la loi de Moïse leur défendant d'ensemencer leurs terres, et par conséquent de les récolter la septième année, qui était l'année sabbatique ou de repos. Alexandre leur accorda tout ce qu'ils demandaient, et sur la requête du grand-prêtre, il accorda aux Juifs dispersés dans l'Asie et à tous ceux qui voudraient servir dans ses armées, la permission de vivre selon leurs lois et les observances de leur religion, ce qui fit qu'un assez grand nombre s'enrôla parmi ses troupes. (An du monde 3672, avant la naissance de J.-C. 328.)

Dix ans environ après- le départ d'Alexandre, le souverain sacrificateur Jaddus mourut, laissant le pontificat à son fils Onias. De grands évènements s'étaient passés durant ce temps dans l'Asie ;

Alexandre était mort, et ses généraux s'étaient partagé ses vastes états, au préjudice de ses enfants. Ptolémée, fils de Lagus, qui pour sa part avait pris l'Egypte, voulait s'assurer aussi des provinces voisines, vint mettre le siège devant Jérusalem, qui était la plus forte place de toute la Palestine. Josèphe raconte qu'il y vint comme pour y offrir des sacrifices, ce que la loi ne défendait pas, pourvu que ce fût par la main des prêtres. Comme c'était un jour de sabbat, où les Juifs ne se croyaient point autorisés à prendre les armes, il se rendit aisément maître de la ville et de la Judée, dont il transporta plus de cent mille habitants en Egypte.

Après la mort d'Onias, son fils Simon, surnommé le *Juste*, exerça la souveraine sacrificature. Lorsqu'il en prit possession, il y avait de grandes réparations à faire au temple de Jérusalem, bâti deux cent trente ans auparavant par les soins du pontife Jésus et de Zorobabel. Simon fit construire de vastes arcs-boutans pour en soutenir les murs et les portiques extérieurs, le fit environner d'une double enceinte, et y mena par des aqueducs magnifiques de l'eau pour laver les hosties. Il rebâtit plusieurs quartiers de Jérusalem, où il appela de nouveaux habitants pour remplacer le vide laissé par Ptolémée. L'Ecriture, en faisant son éloge dans le livre de l'Ecclésiastique, raconte les bienfaits de son pontificat. « Semblable au soleil le plus brillant, il a, dit-il, répandu sa lumière dans le temple du Seigneur. Semblable à l'olivier qui fructifie, au cyprès dont la tige s'élève vers les cieux, ainsi paraît Simon, lorsque, revêtant ses habits majestueux et éclatants, il monte à l'autel, honorant par ses vertus l'éphod du grand-prêtre [1]. » Il mourut après douze ans de pontificat, et son frère Eléazar en fut chargé, en attendant que son fils Onias, trop jeune encore, fût en état de l'exercer lui-même. Ce fut à Eléazar que Ptolémée-Philadelphe, roi d'Egypte, écrivit, en lui envoyant des présents magnifiques pour le temple, le priant de lui envoyer des hommes capables de traduire en grec tous les livres des Hébreux, afin d'en enrichir la bibliothèque d'Alexandrie, qui était la plus belle du monde. Eléazar fit, à cet effet, choix de soixante-douze des plus habiles docteurs juifs qu'il chargea de satisfaire au vœu du roi d'Egypte. Ils furent reçus avec grand honneur à Alexandrie, où ils donnèrent cette traduction fameuse, connue sous le nom de *Version des Septante*, pour prix de laquelle le roi Ptolémée envoya de nouveau au temple, en tables et vases d'or ciselés et enrichis de pierreries, des présents d'un prix inestimable.

Sous le pontificat de Simon, deuxième du nom, Ptolémée Philopator, roi d'Egypte, vint au Temple, offrit des sacrifices au Dieu d'Israël, et y

[1] Eccli. ch. L.

fit des oblations et des dons considérables. Touché
de l'ordre et de la beauté des cérémonies dont il
était témoin, et plein d'admiration pour tout ce
qu'il avait sous les yeux, il voulut voir aussi l'intérieur du Temple et pénétrer jusque dans le *Saint
des Saints*. Le bruit qui s'en répandit causa une
commotion générale dans toute la ville. Le grand-
prêtre et les princes de la nation s'assemblèrent
autour du roi, et le supplièrent de renoncer à son
dessein, en lui représentant la sainteté du lieu et
la loi du Seigneur, qui en interdisait formelle-
ment l'entrée. Le Temple retentissait des cris et des
gémissements des prêtres qui, prosternés dans leur
douleur, conjuraient le Très-Haut avec larmes de
les secourir dans une si pressante nécessité. Le
peuple remplissait de ses cris et de ses plaintes les
cours et les galeries, prêt à prendre les armes et à
combattre pour la défense du lieu saint, si les
prêtres et les princes n'eussent arrêté l'élan de son
indignation.

Insensible à toutes les plaintes, comme à la fermeté des remontrances de Simon, Ptolémée se disposait à franchir les degrés qui conduisaient au
Sanctuaire ; mais dans ce moment Dieu étendit sa
main, vengeant lui-même la profanation de sa
maison. Le prince impie se sentit agité avec violence, comme un faible roseau devenu le jouet du
vent ; une puissance invisible le renversa par terre

sans force et sans mouvement , en sorte qu'anéanti sous la main du Seigneur, il ne trouvait plus de voix pour se faire entendre de ses officiers.

Ceux-ci , frappés d'un châtiment si soudain et si terrible , se hâtèrent de l'emporter hors du Temple , dans la crainte de le voir expirer devant eux. Transporté dans son palais, il revint peu à peu à lui ; mais au lieu de reconnaître son crime , il fit d'horribles menaces contre les Juifs et contre Jérusalem , qu'il quitta aussitôt pour retourner en Egypte. A son arrivée à Alexandrie, il voulut mettre en exécution ses projets de vengeance ; mais la protection du Seigneur se déclara en faveur de son peuple, d'une façon si éclatante, qu'il renonça à ses desseins contre eux. (Avant J.-C. 213.)

Ptolémée Philopator étant mort quelques années après, Antiochus le Grand , roi de Syrie, profitant de la minorité de son fils Ptolémée Epiphanes , envahit la Célé-Syrie, qui appartenait au roi d'Egypte. La Judée , abandonnant alors le parti d'Epiphanes , se déclara pour Antiochus, qui fut reçu avec ses équipages , ses éléphants et ses troupes dans Jérusalem. Les Juifs l'aidèrent à conquérir leur citadelle , où les Egyptiens avaient une garnison considérable ; et Antiochus sensible à leurs procédés, leur accorda les plus grands privilèges pour eux et pour le Temple , avec des dons d'un grand prix pour le service du Seigneur.

Le grand-prêtre Simon étant mort, laissa le sacerdoce à son fils Onias iii, homme d'un grand
mérite, vertueux, affable et bon, qui gouverna
pendant vingt-quatre ans la république des Hébreux.
Ce fut à lui que fut adressée la lettre fameuse par
laquelle Arius, roi des Lacédémoniens, se reconnaissant ainsi que ses sujets pour descendants d'A-
braham [1], quoiqu'on ne sache trop d'après quel
fondement, demandait au grand-prêtre de renouveler avec les Lacédémoniens l'ancienne alliance du
peuple juif avec Sparte. Onias répondit au nom de
ses frères, que la nation juive était toute à eux,
et que les intérêts de Lacédémone leur seraient
toujours chers. Ce qui fait voir que les Hébreux
eux-mêmes croyaient que les Lacédémoniens des-
cendaient d'Abraham.

La Judée, demeurée tranquille sous le règne de
Séleucus, roi de Syrie, fils d'Antiochus, goûtait
en paix la douceur du gouvernement du grand-
prêtre Onias iii, observant ses lois et sa religion
sans aucun obstacle. Les rois étrangers, admirant
la solennité de son culte, s'empressaient à l'envi
d'envoyer des présents au Temple du vrai Dieu, et
Séleucus lui-même fournissait avec magnificence
aux besoins de l'autel. Mais au calme d'une paix si
profonde devait succéder bientôt un long et terrible orage.

[1] Josèphe, Antiq. liv. xii, ch. 5. Et II. Mach. ch. xii.

Un homme riche et puissant de la tribu de Benjamin, nommé Simon, intendant du Temple, irrité
contre le souverain pontife, dont l'autorité s'était
opposée à ses injustices, persuada pour se venger
de lui à Apollonius, gouverneur de Syrie et de
Phénicie, que le Temple était rempli d'immenses
trésors, inutiles au peuple et aux sacrifices, et
dont le roi pourrait aisément faire son profit. Séleucus, ayant appris cette nouvelle d'Apollonius,
dépêcha Héliodore, intendant de ses finances à
Jérusalem, avec ordre de saisir ces trésors qui lui
deviendraient d'une grande utilité pour payer le
tribut que lui avaient imposé les Romains.

Héliodore, pour cacher le vrai motif de son
voyage, fit semblant de visiter les provinces, et
vint enfin à Jérusalem, où il fut reçu avec honneur
par le grand-prêtre. Il lui déclara aussitôt le sujet
de sa mission, et l'engagea à lui remettre le trésor
du temple. Onias, étonné d'une telle demande,
lui fit observer que cet argent était celui des veuves
et des orphelins qui l'y avaient mis en dépôt, ainsi
que celui d'Hircan, fils de Joseph, qui y avait
confié ses richesses à la garde du Seigneur, et que
par conséquent il lui était impossible de s'en des-
saisir.

Héliodore, insistant sur les ordres dont il était
porteur, entra dans le temple avec ses gens, qui
s'efforcèrent, d'après le refus du grand-prêtre,

d'ouvrir la porte du trésor, de le forcer avec violence. Le peuple était accouru au bruit, environnant le grand-prêtre et ses ministres qui, pressés sur les pierres du parvis, adressaient à Dieu de ferventes prières.

Au même instant la colère du Seigneur se fit sentir sur les violateurs de sa maison : ils furent saisis tout-à-coup d'une frayeur qui les renversa et les mit hors d'eux-mêmes. On vit paraître un cheval monté par un homme, vêtu avec magnificence et couvert d'armes éclatantes qui, se précipitant sur Héliodore, le foula des pieds de devant, tandis que le cavalier menaçait d'une voix terrible de lui donner la mort. Dans le même moment deux jeunes hommes, éclatants de gloire et de lumière, pleins de force et de beauté, et revêtus avec une semblable magnificence, apparurent armés de verges aux côtés d'Héliodore, le frappant sans relâche [1]. Héliodore tomba par terre, privé de la vue et du mouvement ; on le prit, on le mit sur une litière ; et cet homme, qui un moment auparavant voulait briser les portes du trésor avec une multitude d'archers et de gardes, était emporté alors, semblable à un homme mort, sans qu'aucun des siens fût capable de lui donner aucun secours, parce que la vertu de Dieu s'était fait connaître manifestement.

[1] II. Mach. ch. iv.

Par un effet de cette même vertu , il demeurait dans sa maison , couché, sans voix, sans aucune espérance de vie, tandis que le temple, auparavant rempli de frayeur et de tumulte, retentissait des cris de joie de tout le peuple, qui. rendait graces au Seigneur d'avoir relevé la gloire de sa maison , par cette merveille de sa puissance.

Les amis d'Héliodore, épouvantés de ce prodige, supplièrent le pontife d'invoquer pour lui l'assistance du Très-Haut. Onias offrit pour sa guérison une hostie salutaire ; tandis qu'il achevait sa prière, les deux jeunes hommes qui avaient frappé Héliodore , lui apparurent une seconde fois et lui dirent : « Rendez graces au grand-prêtre Onias, car c'est à sa seule considération que le Dieu d'Israël vous accorde la vie. Après avoir été châtié de la main du Seigneur , annoncez à toute la terre ses merveilles sa grandeur. » Ayant dit ces paroles, ils disparurent. Héliodore, touché de tout ce qui lui était arrivé, remercia Onias , et après avoir offert à Dieu des sacrifices d'actions de graces, il retourna à la cour de Séleucus, publiant partout la puissance et la miséricorde du Dieu des Juifs.

Après la mort de Séleucus, Antiochus Epiphane monta sur le trône de Syrie ; il vint en ami à Jérurusalem, et y fut reçu magnifiquement ; mais, quelques années après , de nouveaux troubles ayant éclaté en Judée, il reprit le chemin de cette ville, résolu de la châtier sévèrement de ce qu'elle s'était réjouie, disait-on, lorsque le bruit de sa mort s'était répandu dans la Judée. Les Juifs, apprenant ses mauvaises dispositions à leur égard, lui fermèrent [1] leurs portes et soutinrent pendant quelque temps tous les efforts de son armée; mais ceux qui favorisaient son parti lui ayant ouvert les portes, il commanda à ses soldats de faire main-basse sur tous ceux qui se rencontreraient sur leur passage et de n'épargner ni les femmes, ni les enfants, ni les vieillards renfermés dans leurs maisons. Ces ordres furent exécutés avec une telle fureur, qu'en trois jours on compta plus de quarante mille morts et autant de prisonniers qui furent vendus comme esclaves. Non content de ces cruelles exécutions, Antiochus, enflé d'orgueil, monta au temple.

Il enleva l'autel d'or, les candelabres, les lampes, la table des pains de proposition, les vases qui servaient aux libations, les encensoirs, les couronnes et les ornements d'or, détacha jusqu'au voile de pourpre qui fermait l'entrée du sanctuaire, prit enfin tous les trésors du temple, et les emporta à Antioche, après avoir profané les lieux les plus augustes, sans considérer que si Dieu ne vengeait pas immédiatement l'inviolabilité de sa maison, comme il l'avait fait sur Héliodore, c'était seule-

[1] II. Mach. ch III, et Josèphe, guerre des Juifs, liv. I. ch. I. et l. VI.

ment à cause des péchés du peuple juif. Dieu n'avait pas choisi le peuple à cause du temple, mais bien le temple à cause du peuple; il permettait que son sanctuaire partageât les maux des Juifs, comme il devait avoir part aux biens qui lui étaient réservés, après qu'il se serait réconcilié à son peuple. (Avant J.-C. 166.)

Ce n'était là que le commencement des malheurs de Jérusalem. Deux ans après, Apollonius vint, par ordre d'Antiochus, avec une armée de vingt-deux mille hommes. Profitant du repos du sabbat et de la sécurité qu'il avait su inspirer aux Juifs, il commanda à ses gens de prendre les armes, massacra tout ce qu'il put rencontrer, pilla les maisons les plus riches, incendia les plus beaux quartiers, et après avoir emmené prisonniers une foule de femmes et d'enfants, il abattit les murailles de la ville, et fortifia la cité de David, qui devint derechef une citadelle imprenable qui commandait au temple du Seigneur. Dès ce jour la désolation y régna; on versa le sang des habitants qui se hasardaient à y venir prier; le sanctuaire profané devint une solitude; ses jours de fête furent changés en jours de deuil, ses jours de sabbat furent en opprobre, et toute sa gloire anéantie. Les fidèles quittèrent Jérusalem, qui resta abandonnée aux apostats et aux idolâtres.

Résolu à ruiner entièrement la religion du vrai

Dieu, Antiochus donna un édit obligeant tous ses sujets, sous peine de mort, à quitter le culte de leurs pères, pour suivre l'idolâtrie des Grecs, qui était sa religion. Plusieurs Israélites dominés par la terreur, eurent la faiblesse de sacrifier aux idoles ; ils violèrent le sabbat, et s'unissant aux officiers du roi, envoyés pour faire exécuter son édit en Judée, y causèrent les plus grands maux. Leurs frères, plus fidèles, étaient réduits à fuir dans les déserts, à se cacher dans les cavernes des montagnes, s'ils voulaient éviter de profaner le sabbat et les fêtes solennelles, de souiller les lieux saints, d'abandonner toutes les lois du Seigneur.

Philippe, qui commandait à Jérusalem au nom d'Antiochus, plaça sur l'autel du temple de Dieu l'idole de Jupiter Olympien, qui avait été prédite par Daniel, sous le nom *d'abomination de la désolation*. Le lieu saint était le théâtre des plus affreuses dissolutions ; les Gentils et les Juifs apostats, perdant toute retenue au milieu de leurs orgies païennes, souillaient les sacrés portiques de honteuses indignités. L'autel était profané par des viandes impures interdites par la loi. Il n'y avait plus ni sabbat, ni fêtes solennelles, ni sacrifices offerts au vrai Dieu, et personne n'osait avouer simplement qu'il fût Juif. On les menait par force aux sacrifices profanes le jour de la naissance du roi, et lorsqu'on célébrait la fête de Bacchus, on

les contraignait d'aller en cérémonie couronnés de
lierre, en l'honneur de cette divinité infâme. On
déchirait et on brûlait les livres de la loi, et si
quelqu'un était surpris possédant ces témoignages
de l'alliance du Seigneur, s'il observait ses or-
donnances, les supplices les plus affreux, suivis
d'une mort terrible, étaient le châtiment de sa
désobéissance aux ordres iniques du tyran.

Cependant, malgré toutes ces cruautés, plusieurs du peuple d'Israël avaient pris la généreuse
résolution de rejeter tout ce qui était impur et de
mourir plutôt que de violer la sainte loi du Seigneur. Il y eut ainsi des martyrs innombrables dans
toutes les villes des états d'Antiochus, et leur
sang, qui arrivait pur au trône du Très-Haut, en
demandant vengeance de tant de maux, implorait
la paix et la tranquillité pour leurs frères désolés.

Ce fut sans doute à la prière de ces généreux
athlètes que le Seigneur suscita un vengeur à la
Judée, un défenseur de ses droits violés. Ce fut
le prêtre Mathathias. En voyant la désolation de
la ville sainte et la profanation du temple, il
s'était retiré avec ses cinq fils Jean, Simon, Judas,
Eléazar et Jonathas, à Modin, petite ville de la
tribu de Juda, où il était né.

Vers ce temps-là les officiers d'Antiochus, qui
parcouraient toutes les villes pour contraindre les
Juifs à l'idolâtrie, vinrent à Modin, où Mathathias

et ses enfants demeuraient, toujours fermes dans
le service de Dieu. Emporté par son zèle, Mathathias, voyant un Israélite qui sacrifiait aux idoles,
le tua sur l'autel avec l'officier qui avait commandé
cette impiété. Après cette action, il rassembla
quelques Israélites fidèles, et s'enfuit dans les montagnes. Son fils Judas, surnommé Machabée, s'y
était retiré avec plusieurs de ses compagnons.
Leur nombre s'augmenta si rapidement de tous les
Israélites fidèles que la persécution poursuivait,
qu'ils se virent bientôt en état de s'opposer aux
troupes d'Antiochus, ayant pris d'ailleurs la résolution de combattre le jour même du sabbat, si
les ennemis venaient les attaquer, puisque c'était
pour le nom du Seigneur qu'ils étaient armés.

Mathathias étant mort un an après, on élut
d'après ses conseils son fils Judas pour lui succéder, en qualité de chef de la nation persécutée
des Juifs. Valeureux et rempli de sentiments de
piété, Judas était celui que réclamait l'état misérable des affaires de la Judée, et Dieu fut visiblement son protecteur dans les divers combats
qu'il livra aux généraux d'Antiochus. Apollonius,
dont nous avons déjà parlé, éprouva un des premiers que l'assistance du Seigneur rendait Judas
invincible. Séron, autre général Syrien, ne fut
pas plus heureux, malgré le nombre considérable
de ses troupes. Judas, poursuivant le cours de ses

victoires, défit tour-à-tour Gorgias et Nicanor, pilla le camp des Syriens, reprit une foule de places fortes de la Judée, renversant les idoles avec leurs temples et leurs adorateurs, et arriva enfin devant Jérusalem, où il entra sans résistance ; il y mit en sûreté les riches dépouilles du camp de Nicanor, et s'y fortifia, quoique le temple et la citadelle fussent encore au pouvoir des ennemis. Il y fit mourir Philarque, un des principaux officiers syriens, qui avait fait beaucoup de mal aux Juifs. Et lorsqu'il était occupé à rendre des actions de graces à Dieu pour les faveurs signalées qu'il lui avait accordées, ayant appris que le Syrien Callisthènes, qui le premier avait mis le feu aux portes sacrées du Temple, venait de se sauver dans sa maison, il y alla mettre le feu et l'y brûla en punition de son sacrilège.

Après avoir pris quelque repos à Jérusalem, il marcha avec dix mille hommes à la rencontre de Lysias, qui gouvernait la Syrie en l'absence d'Antiochus, qui était en Perse : Lysias venait avec plus de soixante mille hommes pour réduire la Judée ; mais Judas l'ayant mis en déroute, il retourna chercher de nouvelles forces à Antioche. Machabée revint aussitôt à Jérusalem, chassa du temple les Syriens qui en étaient encore les maîtres, et se mit en devoir de le purifier avec ses valeureux compagnons d'armes. A l'aspect des ruines, couvertes

d'épines et de ronces qui environnaient le sanctuaire, à la vue de sa désolation, ils déchirèrent
leurs vêtements, et se couvrant la tête de cendres,
ils répandirent des torrents de larmes. Ils sonnèrent tristement de leurs trompettes, et se prosternèrent le visage dans la poussière, poussant des
gémissements vers le ciel.

Mais, comme les ennemis tenaient encore la citadelle de Sion, dans la cité de David, Judas posta
une partie de ses troupes entre la forteresse et le
temple, pour mettre à couvert les prêtres et les
lévites chargés de le purifier. On enleva l'autel des
holocaustes, qui leur rappelait leur opprobre, par
la profanation dont il avait été l'objet, et l'on en
construisit un nouveau, semblable au premier. On
répara le sanctuaire, où l'on suspendit un nouveau
voile; l'or trouvé dans le camp des ennemis servit
à faire d'autres vases, le chandelier à sept branches, l'autel des parfums, les tables et les bou-
cliers d'or que l'on mit à leurs places ordinaires.
Enfin le vingt-cinquième du mois hébraïque Casleu
(160 ans avant J.-C.), au même jour et au même
mois qu'il avait été profané trois ans auparavant,
le temple fut de nouveau dédié solennellement,
par l'offrande des parfums et des sacrifices, au son
des trompettes sacrées, au milieu des cantiques et
des actions de graces de tout le peuple fidèle. Judas
et les chefs de la nation ayant résolu de célébrer

chaque année la mémoire de cette dédicace pendant huit jours, le temple étant, pendant toute la durée de cette fête, illuminé de lampes innombrables; de là vint le nom de fête des lumières, encore connu aujourd'hui [1].

Judas Machabée, ayant rebâti les murs de la ville, y mit une vaillante garnison pour sa défense et partit ensuite pour achever de combattre les ennemis de son peuple. Vers ce temps-là, Antiochus apprenant à son retour de la Perse ce qui s'était passé, entra dans une grande fureur contre les Juifs, et se mit en route en toute hâte, jurant qu'il ne laisserait pas pierre sur pierre à Jérusalem. Mais Dieu le frappa alors d'une plaie horrible, et il mourut dévoré tout vivant par les vers, au milieu de tortures effroyables, reconnaissant trop tard la main toute-puissante qui s'appesantissait sur lui.

Judas de son côté poursuivait le cours de ses victoires; après une fausse paix qui n'eut point de durée avec Lysias qui gouvernait la Syrie pendant la minorité du jeune Antiochus Eupator, fils de celui qui venait de mourir, la guerre recommença plus vaste et toujours plus brillante pour les intérêts des Juifs.

Cependant la forteresse de Sion était toujours au pouvoir des Syriens. Pour rendre une paix en-

---

[1] Josèphe, Antiq. liv. xii. ch. 11.

tière à Jérusalem et donner au temple la sécurité nécessaire aux saints sacrifices, Judas en pressa vivement le siège. Eupator, craignant que les Machabées ne devinssent enfin trop puissants, vint au secours de la citadelle avec une armée de cent mille hommes de pied, vingt mille chevaux, trois cents chariots armés en guerre et trente-deux éléphants. Eléazar, un des frères de Juda, était mort, s'étant sacrifié généreusement à la défense de Bethsure, dont la garnison se retira sous les ordres de Judas, dans Jérusalem, résolue d'en soutenir le siège. Les murailles de la ville n'étant pas encore entièrement mises en état de défense, les Juifs se retirèrent dans le temple, qui leur servit de forteresse, où ils se défendirent courageusement contre toute l'armée d'Eupator. Le siège fut long et opiniâtre, quoique les assiégés, en petit nombre, manquassent de provisions de bouche; la plus grande partie des troupes de Judas s'étant même retirée pour cette raison. Mais le Seigneur était avec lui, et plus d'une fois il avait visiblement combattu par ses anges contre les ennemis de son peuple.

La nouvelle de l'arrivée à Antioche de Philippe, qui venait avec une armée nombreuse pour s'emparer de la Syrie, força enfin Lysias, qui gouvernait au nom d'Eupator, à faire des propositions de paix aux Juifs. On leur offrit de les laisser vivre selon leurs lois et leur religion comme auparavant. Ces propositions ayant été agréées, la paix fut conclue, et le roi avec ses principaux officiers la confirma par serment. On lui ouvrit aussitôt les portes du temple; mais à peine y fut-il entré que, considérant la force de situation et la grandeur des fortifications, il viola son serment, en faisant abattre jusqu'aux fondements le mur qui environnait la maison du Seigneur. Il y offrit toutefois des sacrifices, et nomma Judas Machabée prince du pays depuis Ptolémaïde jusqu'au midi de la Palestine.

Pendant que Judas jouissait en paix de sa victoire, Démétrius, nouveau roi de Syrie, levait une nouvelle armée pour soumettre la Judée. Machabée se résolut alors à demander l'alliance des Romains, auxquelles il envoya des ambassadeurs. A l'approche de Bacchides, qui commandait les nouvelles troupes syriennes, il se retira aux environs de Béthel, où il attendit les ennemis de pied ferme. Bacchides vint y camper en face du valeureux Judas. On sonna la bataille, et, malgré la faiblesse des troupes des Machabées, ils eussent peut-être encore une fois été victorieux, si Judas, après un combat long et opiniâtre, n'eût malheureusement été tué. Dès qu'on l'eut vu tomber, ses gens se réfugièrent à Jérusalem. Ce fut un deuil général, quand on eut appris la mort d'un tel chef. On disait publiquement en son honneur ce cantique lugubre : « Comment est-il tombé, cet homme invincible, qui sauvait le peuple d'Israël ! » Simon et Jonathas, ses frères, ayant conclu une trève avec Bacchides [1], enlevèrent son corps du champ de bataille, et l'ensevelirent avec une grande magnificence à Modin, au tombeau de ses pères. Il avait exercé durant trois ans la souveraine sacrificature (avant J.-C. 157).

Pendant que la tranquillité renaissait en Judée sous le gouvernement de Jonathas, la Syrie était déchirée entre divers rivaux qui tour-à-tour se tuaient ou se détrônaient ; Jonathas profita de leurs dissensions pour affermir son autorité. Mais il attaqua vainement la citadelle de Sion, toujours occupée par les troupes étrangères, et les circonstances, quoique favorables d'ailleurs, ne lui permirent pas de s'en rendre maître. Pour obvier à cet inconvénient, il résolut de construire entre la forteresse et la ville une très-haute muraille, afin que la ville et la forteresse demeurassent entièrement séparées, sans pouvoir conserver la moindre communication entre elles, de manière à ce que la garnison syrienne ne pût désormais acheter ni vendre aux citoyens. Un an après, Jonathas attiré sur parole à Ptolémaïde par Tryphon, l'un des

____

[1] Josèphe, Ant. jud. liv. xiii. ch. 19.

concurrents au trône de Syrie, y fut fait prisonnier par ce prince perfide, qui cherchait à s'emparer de la Judée.

Au milieu de la consternation où la nouvelle de ce malheur avait plongé les Juifs, Simon, frère de Jonathas, assembla les principaux de la nation à Jérusalem : il releva le courage de ses concitoyens qui l'élurent pour leur chef. Il revêtit aussitôt la pourpre avec l'agrafe d'or, ainsi que les rois de Syrie l'avaient permis à Jonathas; puis, ayant fortifié Jérusalem, il s'avança à la rencontre de Tryphon, qui marchait sur Jérusalem. Celui-ci, ayant appris l'élection de Simon, n'osa continuer sa marche; il retourna en Syrie, après avoir fait mourir Jonathas et ses deux fils. Le peuple pleura ce vaillant chef, et Simon le fit ensevelir avec honneur à Modin.

Pour se venger de la perfidie de Tryphon, à qui il avait envoyé de l'argent pour la rançon de Jonathas et de ses fils, Simon délégua alors des ambassadeurs à Démétrius, autre concurrent à la couronne de Syrie, pour faire alliance avec lui contre Tryphon. Démétrius, reconnaissant de cette démarche, lui confirma ses privilèges et ceux de la Judée, outre l'exemption totale de tous les tributs qu'il accorda aux Juifs. Par ce moyen, ceux-ci devinrent libres du joug des étrangers, dont ils avaient toujours été tributaires depuis la restauration du temple par Zorobabel : cet évènement fut inscrit dans les actes publics, sous une date qui correspond à l'année 139 avant J.-C. Un an après, les troupes syriennes qui gardaient encore la citadelle de Sion, investies depuis deux ans sans pouvoir rien tirer du dehors, furent enfin forcées, faute de vivres, à capituler. Les troupes juives y entrèrent au son des instruments, en chantant des cantiques d'actions de graces. Il y avait vingt-cinq ans qu'elle était au pouvoir des ennemis. Simon ordonna que ce jour serait célébré tous les ans avec de grandes réjouissances, comme étant celui de la délivrance entière de la nation du joug des Gentils. Dans la crainte que cette forteresse ne redevînt encore fatale à leur liberté, qui en avait tant souffert, Simon et le peuple convinrent de la faire raser, et Josèphe rapporte qu'on travailla pendant trois [1] ans à son entière démolition. Pour tenir lieu de cette citadelle, Simon fortifia la montagne du temple qui n'en était pas éloignée, et s'y bâtit une demeure pour lui et pour la garnison.

A Simon succéda Jean Hircan, qui tint le souverain pontificat pendant vingt-huit années. Celui-ci, profitant des troubles sans cesse renaissants de la Syrie, reconquit la plupart des villes de la Palestine, qu'il avait déjà possédées avant le siège

[1] Josèphe, Ant. liv. xiii. ch. 2.

de Jérusalem, soumit plusieurs petits peuples voisins, et fit jouir la Judée d'une paix profonde, fortifiée encore par l'alliance des Juifs qu'il renouvela avec les Romains. C'est sous son gouvernement que l'on commence à voir paraître les trois sectes principales qui devinrent si célèbres chez les Juifs. Celle des *pharisiens*, qui s'attachaient surtout aux observances extérieures de la loi mosaïque; ils y ajoutèrent même certaines superstitions et des cérémonies que le Sauveur condamna tant de fois en leurs personnes, avec l'austérité apparente qui caractérisa leur secte. Les *sadducéens* étaient les seconds; ils n'admettaient, selon certains auteurs, que le Pentateuque seul, des livres de l'Écriture; selon d'autres, que la loi : ils niaient la résurrection et conséquemment l'immortalité de l'âme. Les derniers étaient les *esséniens*, qui passaient pour vivre d'une manière plus parfaite que les premiers.

Jean Hircan mourut paisiblement dans son palais, ou plutôt dans la tour qu'il avait fait bâtir près du temple, et dans laquelle on conservait les ornements de la grande sacrificature. Josèphe remarque [1] qu'après la mort de ce prince, les pierres du pectoral du grand-prêtre et celles de l'éphod qu'il mettait sur ses épaules, ne rendirent plus

---

[1] Josèphe, Ant. liv. III. ch. 9.

d'éclat comme auparavant; ce qui fut attribué aux péchés du peuple. Hircan laissa cinq fils dont le premier, Aristobule, lui succéda dans la conduite de la république des Juifs (avant J.-C. 102).

En prenant en main les rênes de l'état, Aristobule prit en même temps le diadème et le titre de roi, associant au gouvernement son frère Antigone, pour lequel il avait une amitié particulière. Comme il se défiait de ses trois autres frères, il les mit aux fers, et fit mourir sa mère, qui prétendait au gouvernement en vertu du testament d'Hircan[1]. Ce crime affreux ne resta pas impuni, car Aristobule ne régna qu'un an. Durant la maladie qui le conduisit au tombeau, Antigone conquit une partie de l'Iturée, après quoi il revint triomphant à Jérusalem, tandis qu'on célébrait la fête des tabernacles. Il monta droit au Temple, couvert d'une armure magnifique, entouré de ses gardes, et alla offrir à Dieu des sacrifices d'actions de graces. On lui fit un crime auprès du roi de cet appareil pompeux. Aristobule, prévenu contre lui, lui envoya l'ordre de se désarmer et de venir le trouver aussitôt dans la tour, depuis surnommée Antonia, où il faisait sa demeure, donnant en même temps à ses gardes l'ordre de ne lui faire aucun mal s'il venait sans armes; mais de le tuer s'il venait armé.

[1] Josèphe, la guerre des Juifs, liv. I. ch. 3.

Le messager qu'Aristobule avait envoyé, gagné par la reine et son parti qui détestait Antigone, lui rapporta au contraire que le roi, ayant entendu parler de la beauté de ses armes, le priait de venir tout armé comme il était. Antigone obéit aussitôt ; et comme il passait sans défiance dans une galerie obscure de la tour de Straton, qui conduisait à la demeure d'Aristobule, les gardes le voyant couvert de ses armes, exécutèrent leurs ordres et le tuèrent.

Aristobule, ayant appris plus tard ce qui s'était passé, en fut vivement touché, et ne put se consoler de la mort de son frère ; sa maladie empira considérablement, et il vomit une grande quantité de sang. Comme un de ses officiers emportait ce sang, il arriva qu'il en laissa tomber par mégarde une partie au même endroit où des traces de sang se voyaient encore.

Ceux qui s'en aperçurent, s'imaginant qu'il le faisait à dessein, jetèrent un si grand cri, qu'il fut entendu du roi. Celui-ci les contraignit par ses menaces de lui en dire la cause.

Alors, fondant en larmes, tourmenté en même temps par les remords que lui inspirait le souvenir de la mort de sa mère et de son malheureux frère : « C'est maintenant, s'écria-t-il, que j'éprouve combien la vengeance du ciel est juste. Jusques à quand ce misérable corps retiendra-t-il mon âme criminelle? Ah! il vaut mieux mourir tout d'un coup, que de perdre ainsi mon sang goutte à goutte, en expiation de celui que j'ai versé?» En disant ces paroles, il expira dans son désespoir.

Quelques années après, Pompée, qui venait de soumettre l'Orient à la puissance romaine, vint alors à Damas, où il reçut des ambassadeurs de toute la Syrie, de l'Egypte et de la Judée. Jérusalem était alors partagée entre deux partis; celui d'Aristobule II et d'Hircan II, que soutenait Antipater, Iduméen de race, et juif de religion. Aristobule envoya au général romain un jardin, ou une vigne d'or, sur une montagne carrée du même métal, avec des cerfs, des lions et des fruits de toute espèce, aussi d'or, que son père le roi Alexandre Jannée avait fait faire. Pompée, ayant reçu ce superbe jardin [1], le consacra à Rome, dans le Temple de Jupiter Capitolin, où Strabon assure l'avoir vu : il était estimé cinq cents talents, c'est-à-dire, douze millions de notre monnaie. De son côté, Antipater alla trouver aussi Pompée à Damas, pour plaider la cause d'Hircan. Mais Pompée voulut voir les deux concurrents, disant qu'il ne déciderait rien avant leur arrivée. Ils vinrent donc à Damas, résolus à vider leurs différends devant lui : alors il leur ordonna de vivre en paix jus-

---

[1] Josèphe, Ant. jud. liv. XIV. ch. 5.

qu'à son arrivée en Judée, où il les mettrait d'accord. Mais Aristobule, voyant que Pompée ne décidait rien, se prépara secrètement à la guerre, cherchant en attendant à l'amuser par divers artifices. Le général romain les ayant découverts, le fit venir à son camp : Aristobule promit alors de lui donner de l'argent et de le recevoir dans Jérusalem. Mais les Juifs ayant refusé d'exécuter les promesses de ce prince, Pompée le retint prisonnier et marcha plein de colère vers Jérusalem, résolu d'y entrer par la force.

Cette ville était, comme on le sait, extrèmement forte par sa situation, et par les ouvrages dont elle était entourée; aussi eût-elle pu résister fort long-temps, sans la division qui régnait entre ses habitants. Le parti d'Hircan voulait qu'on ouvrît les portes à Pompée; mais ceux du parti d'Aristobule, irrités de voir qu'il retint le roi prisonnier, soutenaient qu'il fallait les lui fermer et se préparer à la guerre. Comme ils étaient en minorité dans Jérusalem, ils se saisirent aussitôt du Temple, et rompirent le pont qui le joignait à la ville, afin de pouvoir s'y mieux défendre. Les autres reçurent alors Pompée dans la ville et le palais du roi. Les Romains se mirent aussitôt en devoir d'assiéger le Temple : la place tint trois mois entiers; elle aurait même pu tenir beaucoup plus long-temps, sans la rigueur avec laquelle les

assiégés observaient le sabbat. Ils croyaient bien
qu'il leur était permis de se défendre lorsqu'on les
attaquait, mais non d'empêcher les travaux des ennemis ou d'en élever pour eux-mêmes. Les Romains
surent mettre à profit cette inaction des jours du
sabbat. Ils n'attaquaient point alors les Juifs, mais
ils comblaient les fossés, faisaient leurs appro-
ches, et établissaient les machines sans la moindre
opposition. Et tels étaient le zèle et la fidélité des
Juifs à observer les lois de Moïse, que les prêtres
ne manquèrent pas un seul jour d'offrir à Dieu les
sacrifices ordinaires du soir et du matin, sans
que le péril, quelque grand qu'il fût, les leur pût
faire interrompre. Lorsqu'après trois mois de siège,
le Temple fut pris un jour de jeûne, quoique les
Romains tuassent tous ceux qu'ils rencontraient,
la terreur de la mort ne put empêcher ceux qui
étaient occupés à ces saintes cérémonies de continuer à les célébrer, tant ils étaient persuadés que
le plus grand de tous les maux était d'abandonner
les autels et de manquer à l'observation de leurs
lois. Pompée lui-même admira la constance et la
religion des Juifs [1].

Enfin la chute d'une tour qui entraîna un grand
pan de muraille, ouvrit une brèche aussi grande
qu'il le fallait pour un assaut. La place fut emportée

_____

[1] Josèphe, Ant. liv. xiv. ch. 8.

de vive force. Le carnage fut terrible ; on passa
plus de douze mille personnes au fil de l'épée. Peu
de Romains y furent tués. La sainteté du Temple
fut violée d'une manière qui affligea vivement les
Juifs, en les soulevant encore plus contre les Romains. Pompée y entra avec plusieurs de ses officiers, et pénétra non pas seulement dans la première partie du Sanctuaire, mais encore dans le
Saint des Saints, où le souverain sacrificateur pouvait entrer seul une fois l'an, au jour solennel des
expiations. Il montra cependant sa grandeur d'àme,
en laissant intacts les trésors qui s'y trouvaient
déposés, ainsi que les vases d'or et d'argent dont
le prix était incalculable. (Avant J.-C. 60).

Hircan II reprit alors la dignité pontificale, et la
Judée devint titulaire des Romains.

La mort de Pompée ayant enfin laissé César,
maître de la république romaine, Antipater, dont
nous avons déjà parlé, qui était demeuré le conseil
et le principal ministre d'Hircan II, au nom duquel il gouvernait les Juifs, s'attacha à lui avec
le grand-prêtre et le servit utilement dans la guerre
d'Egypte. Pour l'en récompenser, César lui donna
la qualité de citoyen romain avec tous les privilèges
qui en dépendaient, rendit de grands honneurs à
Hircan et lui confirma la souveraine sacrificature.
Il commit en outre à Antipater l'administration des
affaires de la Judée, et à sa considération accorda

plusieurs privilèges aux Juifs, leur permettant de
rebàtir leurs murailles abattues par Pompée. L'ambitieux Antipater, profitant de sa faveur et de la
faiblesse d'Hircan, se rendait insensiblement maître
des affaires : il donna à Phazaël, son fils aîné, le
gouvernement de Jérusalem et de la province, et
fit Hérode son second fils, gouverneur de Galilée,
quoiqu'il n'eût encore que vingt-cinq ans. Mais
son génie et sa valeur lui conquirent promptement
l'estime de la province ; et il s'insinua si bien dans
l'esprit de Sextus César, parent du grand César,
et gouverneur de Syrie, que ce général lui confia
cette charge importante.

Pendant la guerre civile qui suivit la mort de
César, la Judée, ainsi que toutes les autres provinces de l'Empire romain, fut agitée de grands
troubles. La grandeur toujours croissante de la
famille d'Antipater, sa puissance, les brillantes
qualités jointes à l'ambition insatiable qui carac-
térisait le jeune Hérode, n'étaient que trop faits pour
alarmer les partisans de la famille des Asmonéens
ou Macchabées : plusieurs fois ils conspirèrent
contre Hérode, et cherchèrent à le faire tomber dans
le piège, ainsi que son père et son frère, redoutant comme le dernier des malheurs pour les Juifs
de se voir soumis à la puissance d'un prince étranger, et surtout d'un Iduméen.

De son côté, Hérode, à la suite d'une invasion

des Parthes, était venu à Rome, cherchant à s'assurer la protection de Marc-Antoine, qui partageait
alors l'autorité souveraine avec Octave, depuis la
mort de César. Antoine qui se souvenait des services qu'Hérode ainsi qu'Antipater lui avait rendus,
non-seulement lui accorda sa protection, mais,
d'accord avec Octave, le fit créer roi des Juifs.
Hérode, au comble de la joie, ne passa plus que
sept jours à Rome à la suite de cette grande affaire; il retourna promptement en Judée, n'ayant
mis que trois mois à faire son voyage.

Malgré la facilité avec laquelle il avait obtenu
des Romains le titre de roi, Hérode dut vaincre
plus d'une résistance avant de pouvoir se mettre en
possession du royaume. Il dut faire le siège de
Jérusalem, à la tête d'une armée formée en grande
partie de troupes romaines. Au bout de six mois
d'une opiniâtre résistance, les murailles furent em-
portées par les Romains avec la ville basse et les
dehors du temple, dans l'intérieur duquel les assiégés se retirèrent.

Les Romains se précipitèrent en foule dans le
temple; mais Hérode, par les magnifiques promesses qu'il leur fit, parvint à les empêcher d'entrer dans le sanctuaire, préservant en même temps
la ville de tout pillage.

Ainsi s'accomplissait toute la suite des prophéties, annonçant le Libérateur des nations, au

moment où le sceptre passerait dans une famille
étrangère.

Maître enfin de Jérusalem et du royaume, Hérode fit mourir tous les partisans des Asmonéens,
entr'autres tous les membres du grand conseil du
Sanhédrin : Hillel et Shammaï, les docteurs les
plus fameux de la nation, furent seuls épargnés.
Après avoir fait périr tous les membres de l'ancienne famille royale, il n'épargna plus même ses amis
ni ses propres enfants. Le moindre soupçon coûtait
la mort, et pendant toute la durée d'un long règne,
il ne cessa de s'abandonner à toutes les fureurs de
la jalousie qu'il avait pour le commandement.

Cependant il ornait Jérusalem de superbes édifices; mais en suivant le goût qu'il avait pour la
magnificence, il cherchait à introduire d'étranges
changements dans les mœurs de son peuple, en
construisant un théâtre dans la ville royale et un
grand amphithéâtre hors les murs. Il y faisait
célébrer des jeux et des combats en l'honneur de
l'empereur Auguste, à l'imitation des jeux olym-
piques. Des Juifs zélés s'insurgèrent contre ces
spectacles si offensants pour leur religion; ils
conspirèrent de le tuer dans le théâtre même où
ils avaient lieu : mais Hérode, averti de ce dessein,
le leur fit expier dans les plus cruels supplices. Il
ne fut toutefois pas découragé dans ses projets,
et il bâtit ou rebâtit en l'honneur d'Auguste, avec

des dépenses incroyables, plusieurs villes de la
Judée et de la Palestine. Son cœur aussi se montra
quelquefois sensible à l'humanité. Dans une famine
qui désola la Judée et la Syrie, il fondit toute sa
vaisselle d'or et d'argent, et vendit les objets les
plus précieux de son cabinet, dont le prix servit
à faire venir d'Egypte du blé en abondance, avec
lequel il nourrit non-seulement ses sujets, mais
les peuples des provinces voisines. (Avant J.-C. 20.)

Après avoir fait bâtir à Jérusalem un superbe
palais, où l'or et l'argent brillaient à l'envi avec
les marbres les plus précieux, il épousa, pour remplacer la reine Marianne, fille d'Alexandra, qu'il
avait long-temps regrettée, quoique lui-même l'eût
fait mourir, une autre Marianne, fille de Simon.
Pour rendre ce dernier digne d'une si haute alliance, il lui donna la grande sacrificature que
possédait auparavant Jésus, fils de Phabée. Pour
gagner en même temps l'esprit du peuple qu'il
s'était aliéné par ses cruautés et ses entreprises
contraires à la religion, il résolut de rebâtir ou
plutôt de restaurer le Temple de Jérusalem, entreprise qui effraya au premier abord tous ses sujets.
Mais, ayant préparé tous les matériaux nécessaires,
il y fit travailler avec tant d'ardeur, y mit tant de
zèle et de constance, épargna si peu les dépenses
incroyables qu'exigeait une telle restauration : au
bout de huit années, le Temple reparut agrandi,

renouvelé en grande partie et embelli de tout ce que la magnificence d'un prince tel qu'Hérode savait mettre en usage dans de telles circonstances. On employa encore dix-huit mois à la restauration du Sanctuaire, dont le toit fut hérissé d'aiguilles d'or, afin d'en éloigner les oiseaux. L'or et les pierres précieuses, les métaux les plus riches furent prodigués sous les portiques de marbre blanc du nouveau Temple, car ce fut ainsi qu'on le nomma, et les Juifs crurent revoir enfin le Temple de Salomon, en considérant tant de grandeur et de majesté. (Avant J.-C. 14.)

Dans l'excès de leur joie, ils en rendirent à Dieu les plus vives actions de graces, et donnèrent ensuite au roi les louanges que méritait son zèle. La dédicace s'en fit avec une grande solennité. Hérode offrit à Dieu trois cents bœufs en sacrifice, et tout le peuple contribua selon ses moyens à augmenter le nombre des victimes pour cette auguste cérémonie. Ce qui rendit cette fête plus imposante encore, c'est que le jour en concorda précisément avec celui de l'anniversaire du règne d'Hérode, qu'il solennisait tous les ans en grande pompe.

Ce fut à cette époque (avant J. C. 2.) que se passa un évènement, qui était le prélude des prodiges que le Seigneur allait opérer, après quatre mille ans de promesses et de prophéties, en faveur de son peuple, et pour la délivrance de toutes les nations. Le prêtre Zacharie, de la famille d'Abia, ayant laissé son épouse Elisabeth à Hébron, où il faisait ordinairement sa demeure, était venu au Temple pour y exercer à son tour les saintes fonctions de son ministère. Le sort le désigna pour offrir pendant tous les jours de la semaine, le soir et le matin, l'encens sur l'autel d'or qui était dans la première partie du sanctuaire.

Comme il venait d'y entrer pour y offrir les parfums et les prières du peuple, l'Ange du Seigneur lui apparut debout, à la droite de l'autel. Zacharie, en le voyant, fut saisi de frayeur; mais l'Ange lui dit : « Ne craignez point, car votre prière a été exaucée; votre épouse Elisabeth aura un fils auquel vous donnerez le nom de Jean. Vous serez transporté de joie, et plusieurs se réjouiront à sa naissance, car il sera grand devant le Seigneur. Il ne boira point de vin, ni d'autre liqueur qui enivre, et dès le ventre de sa mère il sera rempli du Saint-Esprit. Il convertira un grand nombre des enfants d'Israël au Seigneur leur Dieu, et il marchera devant lui avec l'esprit et la vertu d'Elie, pour tourner les cœurs des pères vers les enfants, et les esprits indociles à la sagesse des justes, afin de préparer au Seigneur un peuple qui soit parfait. »

Zacharie répondit à l'Ange : « Comment m'assurerai-je de la vérité de ces choses? car je suis vieux, et ma femme est avancée en âge. » L'ange lui répondit : « Je suis Gabriel, qui suis toujours présent devant Dieu ; je suis envoyé pour vous parler, et pour vous annoncer cette bonne nouvelle. Et voilà que vous serez muet, et vous ne pourrez point parler jusqu'au jour où ces choses arriveront, parce que vous n'avez pas cru ce que j'ai dit, et qui s'accomplira dans son temps. »

Cependant le peuple attendait que Zacharie sortît du sanctuaire pour recevoir sa bénédiction, ou ses dernières instructions, et l'on s'étonnait qu'il restât si long-temps dans l'intérieur du Temple. Mais lorsqu'il en fut sorti, il ne pouvait plus leur parler, et tous connurent qu'il avait eu quelque vision, car il s'expliquait à eux par signes, et il demeura muet [1], jusqu'au jour où toutes ces choses furent accomplies par la naissance merveilleuse de saint Jean-Baptiste, le précurseur du Messie.

Deux années après, 4000 depuis la création du monde, et la trente-quatrième du règne d'Hérode, depuis la mort d'Antigone, Jésus-Christ, notre Sauveur, naquit d'une Vierge dans la petite ville de Bethléem, bien que, par une erreur reconnue depuis long-temps, on ne commence à compter les années de l'ère chrétienne, que de l'an du

____
[1] Luc. ch. i.

monde 4004. Ainsi, tandis qu'Hérode se débattait entre ses douleurs corporelles et les remords de sa conscience, des princes de l'Orient, vulgairement appelés *les Mages*, renommés pour leur sagesse, arrivèrent à Jérusalem, demandant où était le roi des Juifs nouvellement né. Ils avaient vu, disaient-ils, son étoile en Orient, et ils venaient pour l'adorer. Les oracles, qui concernaient la naissance du Messie, et qui étaient répandus dans tout l'univers, tenaient tous les peuples dans l'attente d'un envoyé du Ciel. Hérode, qui n'avait déjà que trop de craintes, en fut alarmé; un nouveau rival viendra-t-il donc maintenant lui enlever ce sceptre acheté au prix de tant de sang, et lui arracher cette couronne souillée par tant de crimes? Hérode sent la mort se glisser déjà dans toutes ses veines, et il songe encore à raffermir son trône par un nouveau meurtre. Où donc se cache ce roi des Juifs nouvellement né dont l'étoile a paru dans l'Orient? où pourra-t-il le découvrir? Aussitôt il assemble les princes des prêtres et les docteurs de la loi; et ceux-ci, étonnés de la question, et charmés à la fois d'accroître encore l'inquiétude du tyran, ouvrent les livres des prophètes, et répondent unanimement : *A Bethléem de Juda.*

Les Mages, instruits par Hérode, se hâtent de quitter Jérusalem; mais en les renvoyant, il leur recommande de revenir après qu'ils auront trouvé le Messie, afin que lui puisse aller l'adorer. Son dessein était de le faire mourir, dans la crainte que cet enfant ne ravît un jour la couronne à ses descendants. Comme les Mages ne retournèrent point à Jérusalem, ses inquiétudes augmentèrent; il entra dans une grande colère et fit massacrer tout ce qu'il y avait d'enfants mâles dans Bethléem et aux environs, depuis l'âge de deux ans et au-dessous. Le but du tyran ne fut pas atteint, le divin Sauveur des hommes ayant été conduit en Egypte par saint Joseph. Un autre incident, qui arriva vers le même temps, acheva de réveiller l'humeur sanguinaire d'Hérode. Il avait fait placer au-dessus de la principale porte du Temple un aigle d'or d'une grandeur extraordinaire. Deux des principaux d'entre les docteurs Juifs, Judas et Mathias, en grande estime parmi le peuple, excitèrent leurs disciples à l'abattre, parce que la loi défendait aux Juifs de faire aucune figure d'homme ou d'animaux.

Le bruit s'étant alors répandu de la mort du roi, ces jeunes gens coururent au Temple, et pleins d'enthousiasme abattirent l'aigle d'or, la mirent en pièces à coups de hache, à la vue d'une grande multitude de peuple, assemblée dans les portiques du Temple. Celui qui commandait les troupes du roi, averti du tumulte, y accourut, craignant que ce ne fût le commencement d'une sédition ; car, depuis plusieurs années, Jérusalem était souvent agitée, et le peuple souffrait déjà impatiemment d'être soumis aux Romains. Cependant il n'y trouva qu'une multitude confuse qu'il dissipa aisément. Il se contenta d'arrêter quarante de ces jeunes gens qui avaient essayé de lui résister, et les emmena au roi avec Judas et Mathias, leurs maîtres, et les excitateurs du trouble.

Interrogés sur la témérité de leur action, ils répondirent avec fermeté qu'ils n'avaient agi de cette sorte, que pour venger l'outrage fait au Seigneur dont ils étaient les disciples. Hérode les envoya pour lors enchaînés à Jéricho ; il s'y fit ensuite transporter lui-même en litière, à cause de sa faiblesse. Ils y furent condamnés et brûlés vifs par son ordre, ainsi que Judas et Mathias. Soupçonnant aussi qu'un autre Mathias, qui exerçait alors les fonctions de grand-prêtre, pouvait bien n'avoir pas été étranger à cette affaire, il le déposa et mit à sa place Joazar, son beau-frère.

Au milieu des douleurs de sa maladie, ce prince cruel donna l'ordre d'arrêter toutes les personnes les plus distinguées de Jérusalem, dans l'intention de les faire mourir, afin que les Juifs, attristés de leur mort, ne pussent se réjouir de la sienne. Ayant reçu vers le même temps des lettres de Rome, qui lui laissaient la disposition du châtiment d'Antipater, son fils, il commanda qu'on le mît à mort dans sa prison, sur la nouvelle que ce prince, croyant son père mort lui-même, avait voulu corrompre son geôlier et se mettre en liberté. Ensuite il changea son testament, donnant cette fois le royaume à Archélaüs et à Hérode, auquel il ôtait la tétrarchie de la Galilée, et laissant à Philippe le reste de ses états. Ayant ainsi disposé de sa succession, il mourut en proie à d'inexprimables douleurs, dans la soixante-onzième année de son âge, trente-sept ans après qu'il eut été déclaré roi des Juifs par le sénat romain, la première année de Jésus-Christ, et la troisième avant l'ère vulgaire.

Avant que la nouvelle de la mort d'Hérode fût répandue, Salomé fit mettre en liberté les prisonniers qu'il avait fait enfermer dans l'hippodrome, laissant ainsi sans exécution les cruelles intentions de ce prince. Archélaüs, son successeur, lui fit faire des funérailles magnifiques, ensuite desquelles il vint à Jérusalem, où il fit le deuil de son père, pendant sept jours, selon la coutume; puis il donna un festin au peuple. Etant monté au Temple, il s'assit sur un trône d'or, au milieu des acclamations du peuple, auquel il promit une grande diminution d'impôts.

A quelque temps de là, quelques Juifs mécontents s'assemblèrent, déplorant la mort de ceux qu'Hérode avait fait mourir avec Judas et Mathias, pour avoir arraché l'aigle d'or du fronton du Temple. Ils priaient Archélaüs de réparer les injustices de son père et de rendre le pontificat à ce Mathias, qu'Hérode avait chassé alors. Archélaüs leur demanda du temps pour songer à cette affaire, cherchant à apaiser les factieux ; mais, au lieu de s'adoucir, ils s'aigrirent encore davantage ; et la fête de Pâque étant survenue, ils profitèrent de la multitude qui était venue célébrer cette solennité à Jérusalem, pour remplir la ville de tumulte. Le peuple animé par ces mutins en vint aux mains ; le sang fut répandu jusque sous les portiques du Temple, où plus de trois mille hommes furent tués. Le reste des factieux, vaincus par les troupes du roi, s'enfuirent dans les montagnes, et la fête qui était commencée fut interrompue, le roi ayant fait publier que tous les étrangers eussent à quitter aussitôt Jérusalem.

Archélaüs étant parti pour Rome, afin de s'y faire confirmer dans le royaume par l'empereur, Sabinus, que Varus, gouverneur de Syrie, avait laissé à Jérusalem, pour comprimer les Juifs révoltés, essaya de se rendre maître des forteresses de la ville et des trésors d'Hérode ; les habitants irrités se soulevèrent de nouveau et assiégèrent Sabinus dans le palais-royal. La ville fut remplie de trouble, et une partie des portiques du Temple fut incendiée au milieu du tumulte. Varus accourut au secours de son lieutenant qui se retira ; ayant puni ensuite les auteurs de la révolte qui s'était étendue à toute la Judée, il rendit la paix à la capitale, et y laissa en partant une légion romaine dans la forteresse. Archélaüs revint l'année suivante, mais sans le titre de roi qu'Auguste lui avait refusé : il reçut celui d'ethnarque, avec la Judée en partage. A son retour à Jérusalem, son premier soin fut d'ôter la souveraine sacrificature à Joazar, qu'il donna à son frère Elzéar. Durant les premières années du règne d'Archélaüs, la Judée fut assez paisible ; mais la dixième année de ce prince, les principaux des Juifs et des Samaritains, fatigués de sa domination tyrannique, l'accusèrent auprès de l'empereur Auguste, qui, l'ayant fait venir à Rome, le relégua en exil à Vienne, dans les Gaules (Vienne en Dauphiné). An 6 de l'ère vulgaire.

Cette nouvelle ayant été apportée en· Judée, Quirinus ou Cyrénius, gouverneur de Syrie, vint dans la Palestine par ordre de l'empereur, et y fit le dénombrement de tous les biens des particuliers. Malgré les exhortations du grand-prêtre Joazar, qui était rentré en dignité à la suite de la disgrace d'Archélaüs, les Juifs qui ne pouvaient souffrir ce dénombrement, animés par les discours séditieux de Judas le Gaulonite, et d'un pharisien nommé Sadoc, se révoltèrent dans toute la Judée, qui fut remplie de meurtres et de brigandages. On pillait indifféremment amis et ennemis, sous prétexte de la liberté publique. Les personnes riches ou établies en dignité étaient le plus exposées à la fureur de ces séditieux. Cette révolte, qui portait ses violences jusque dans le Temple, forma bientôt un parti ou plutôt une secte, qui ne se distingua que trop dans la suite sous le nom de zélés ou zélateurs. Ils portèrent aussi quelque temps le nom d'hérodiens, mais ce fut par une sorte de dérision, puisqu'au fond ils n'étaient guères plus favorables aux rois qu'aux Romains, ennemis qu'ils étaient de toute domination.

Cette même année, le jour de Pâque, les Samaritains étant entrés secrètement dans le Temple, le profanèrent en y répandant des os de mort, en haine des Juifs, et par mépris pour le Temple de Jérusalem, dont celui du mont Garizim était le rival. A cette fête, l'enfant Jésus, alors âgé de douze ans, étant venu à Jérusalem, resta dans le Temple à l'insu de sa mère et de son père nourricier, qui, après l'avoir long-temps cherché avec anxiété, le retrouvèrent assis au milieu des docteurs, qu'il instruisait par la profondeur de ses questions, en les émerveillant par la sagesse de ses réponses.

Après le rappel de Coponius, trois gouverneurs

administrèrent successivement la Judée, au nom des Romains. Depuis Hérode, le pontificat n'était plus qu'une dignité, dont le caprice de ce prince et ensuite des gouverneurs romains disposait en faveur des prêtres de tout rang. Aussi, depuis cette époque, cette charge, autrefois si honorable et si sainte, se brigua-t-elle comme toutes les autres, et l'intrigue ou l'argent seuls furent désormais l'arbitre du souverain sacerdoce chez les Juifs. Il était temps qu'un sacerdoce plus véritable succédât à celui qui n'en était que la figure et l'ombre, et que le prêtre, selon l'ordre de Melchisédech, remplaçât les descendants avilis d'Aaron.

La vingt — huitième année de l'ère vulgaire, trente et unième de Jésus-Christ, Ponce Pilate fut envoyé de Rome pour gouverner la Judée. D'un caractère sombre, violent et opiniâtre, Pilate troubla bientôt par diverses entreprises, contraires à la loi et aux mœurs des Juifs, le repos dont la Judée avait joui sous son prédécesseur, et donna ainsi occasion aux séditions et aux révoltes, qui continuèrent jusqu'à la ruine entière de la ville et du Temple de Jérusalem.

Ce fut vers la seconde année du gouvernement de Pilate que Jésus-Christ commença sa prédication, dont le bruit se répandit promptement dans toute la Judée et les pays circonvoisins. Or, la fête de Pâque étant proche, et le temps étant venu où il devait manifester à tout Israël son Messie et son Roi, il vint avec ses disciples à Jérusalem. Etant monté avec eux au Temple, il y trouva des gens qui vendaient des bœufs, des moutons et des colombes, et des changeurs assis à leurs bureaux; alors il fit un fouet avec des cordes, et sans autres armes il les chassa tous du Temple, par le seul aspect de son visage où resplendissait sa divinité. Cette action, qui décelait une autorité suprême, attira dès l'abord sur lui tous les regards. Ses miracles et la sublimité d'une doctrine jusquelà inconnue, en excitant chez les uns une admiration profonde et le désir de la suivre, ne fit qu'enflammer la basse jalousie des autres, surtout des pharisiens qui furent toujours ses plus cruels ennemis.

L'année suivante, Jésus-Christ revint à Jérusalem pour y célébrer de nouveau la fête de Pâque. Or il y avait dans cette ville, proche du Temple, une piscine appelée en hébreu *Bethsaïda*, c'est-à-dire des moutons, soit parce que cette piscine était située dans le marché où on les exposait en vente, soit parce qu'on les y lavait avant de les immoler, soit, selon d'autres auteurs, parce que les eaux qui avaient servi dans le Temple à laver les chairs des victimes immolées venaient s'y rendre par des canaux souterrains [1]. Elle était environnée

<hr>

[1] Ligny, Histoire de la vie de J.-C. note 2ᵉ du ch. xiii.

de cinq galeries où étaient étendus des malades en grand nombre, des aveugles, des boiteux, toutes sortes d'infirmes enfin qui attendaient que l'eau fût agitée. Car l'ange du Seigneur descendait à certains temps dans la piscine pour agiter l'eau ; et le premier qui y descendait après l'agitation était aussitôt guéri, quelle que fût sa maladie. Il y avait là un paralytique depuis trente-huit ans, qui attendait comme les autres.

Jésus, qui le vit étendu et qui savait que depuis long-temps il était malade, lui dit : « Voulez-vous être guéri ? » Le malade lui répondit : « Je n'ai personne pour me jeter dans la piscine quand l'eau est agitée, et dans le temps que je mets à y descendre, un autre descend avant moi. — Levez-vous, lui dit Jésus, emportez votre lit et marchez. » Aussitôt l'homme fut guéri, et, prenant son lit, se mit à marcher. Or c'était un jour de sabbat. Les Juifs donc disaient à celui qui avait été guéri : « C'est aujourd'hui le jour du sabbat, il ne vous est pas permis de porter votre lit. » Il répondit : « Celui qui m'a guéri m'a dit : prenez votre lit et marchez ; » justifiant ainsi l'action qu'il faisait par l'autorité de Celui qui l'avait guéri, et qui se trouvait justifié lui-même par le miracle qui en avait été l'occasion.

Or les Juifs, et surtout les pharisiens, qui ne cherchaient qu'à critiquer Jésus, demandèrent à

celui qui avait été guéri : « Qui est cet homme
qui vous a dit : Prenez votre lit et marchez ? » Mais
celui qui avait été guéri ne savait qui il était. Car
Jésus s'était échappé de la foule du peuple qui
était là. Jésus le trouva depuis dans le temple et
lui dit : « Vous voilà guéri ; gardez-vous bien désormais de pécher, de peur qu'il ne vous arrive
quelque chose de pis. » Cet homme s'en alla trouver
les Juifs et leur dit que c'était Jésus qui l'avait
guéri [1], ne craignant point de découvrir aux yeux
de ces envieux la reconnaissance qu'il conservait du
prodige que le Seigneur avait opéré en sa faveur.

Ce miracle, suivi de tant d'autres, et la doctrine
que prêchait Jésus, si opposée à la petitesse des
observances pharisaïques, ne faisaient qu'irriter
plus vivement contre lui les docteurs et les scribes,
jaloux de sa vertu et de l'autorité qu'il montrait
en toutes ses actions. Il revint encore plusieurs fois
à Jérusalem aux différentes fêtes de chaque année,
chaque fois découvrant plus clairement sa divinité
et sa qualité de Messie par ses discours et ses actions miraculeuses. Enfin il y vint pour la dernière fois avant sa mort. Arrivé à Bethphagé, qui
était comme un faubourg de Jérusalem, au pied du
mont des Oliviers, il se fit amener une ânesse avec
son ânon, que ses disciples allèrent chercher par son

____

[1] Jean, c. v.

ordre dans le voisinage. Ils mirent leurs habits sur l'ânon, et Jésus le monta pour entrer dans Jérusalem, selon les paroles du prophète Zacharie, qui avait dit [1] : « Dites à la fille de Sion : Voici ton Roi qui vient à toi plein de douceur et de clémence, monté sur l'ânon, fils de l'ânesse. » La multitude qui l'environnait étendit alors ses vêtements par terre, et joncha le chemin de branchages. Lorsqu'il fut arrivé au pied du mont des Oliviers, prêt à entrer dans la ville, les disciples et le peuple qui le suivaient commencèrent à crier à haute voix : « Hosanna au Fils de David ! Béni soit Celui qui vient au nom du Seigneur, et béni soit le royaume de David qu'il vient rétablir. Paix sur la terre, et gloire au ciel ! »

Plusieurs pharisiens qui se trouvaient là dirent à Jésus : « Faites taire vos disciples. » Mais lui leur répondit : « Je vous dis en vérité que s'ils se taisent, les pierres élèveront la voix. » En arrivant près de la ville, il répandit des larmes sur ses malheurs prochains, prédisant sa désolation.

Dès qu'il fut entré dans Jerusalem, toute la ville fut émue, et l'on disait [2] : « C'est Jésus de Galilée, le prophète, qui arrive ! » Les étrangers, que l'approche de la fête de Pâque avait rassemblés de tous les pays de l'univers, sortirent au-devant de lui, portant des branches de palmier. Tout le monde

[1] Zach. ch ix. v. 9.   [2] Jean. ch. xii.

s'empressait de lui faire honneur, célébrant les grands miracles qu'il avait faits, mais surtout la résurrection de Lazare, qui avait eu lieu tout récemment aux portes de Jérusalem.

Les pharisiens, au désespoir d'un triomphe si glorieux, le virent monter au temple, d'où il chassa encore une fois les vendeurs et les acheteurs, et guérit plusieurs boîteux et plusieurs aveugles. Alors, comme les pharisiens condamnaient ses actions, une voix vint du ciel qui s'écria : « Je l'ai glorifié et je le glorifierai encore. » Le peuple crut entendre un coup de tonnerre, et l'on disait qu'un ange lui avait parlé. Jésus répondit : « Ce n'est pas pour moi, mais pour vous, que cette voix s'est fait entendre. »

Le triomphe de Jésus se changea bientôt en un supplice ignominieux, et le vendredi suivant, le Rédempteur des hommes, abreuvé de toutes les souffrances, de tous les outrages, versait son sang sur la croix, condamné par l'injuste Pilate, à qui le peuple, soulevé par les princes des prêtres et les docteurs de la loi, avait demandé sa mort.

Pendant tout le temps que dura son agonie, la terre fut couverte de ténèbres surnaturelles, c'est-à-dire depuis midi jusqu'à trois heures. Alors les ténèbres se dissipèrent, et il mourut en poussant un grand cri qui retentit au loin.

Dans ce moment, qui était celui où l'on immolait les agneaux de la pâque dans le temple, le voile de pourpre qui séparait le Saint des saints du reste du sanctuaire, se déchira du haut en bas, le laissant visible à découvert, comme pour annoncer la fin de la religion mosaïque.

En même temps il y eut un grand tremblement de terre, les rochers se fendirent, et la ville de Jérusalem fut fortement ébranlée. Le centenier qui commandait les soldats romains commis à la garde de la croix, étonné de ces prodiges, confessa la divinité de Jésus-Christ, tandis que le peuple qui était accouru au spectacle de son supplice s'en retournait épouvanté à la ville, en se frappant la poitrine.

Jésus, détaché de la croix par Joseph d'Arimathie et Nicodème, deux de ses disciples, fut mis dans un sépulcre neuf : mais il ressuscita le dimanche suivant au matin et sortit vivant du tombeau, environné de gloire. Il apparut plusieurs fois à ses apôtres et à ses disciples, mangea avec eux à différentes reprises, et après les avoir encore confirmés dans sa doctrine pendant quarante jours, et leur avoir promis le Saint-Esprit, en leur recommandant de prêcher son Evangile par toute la terre; il les bénit, et monta au ciel devant eux, étant sur la montagne des Oliviers, qui, après avoir été témoin de son agonie, l'était alors de sa triomphante Ascension.

Rentrés à Jérusalem, les onze apôtres, présidés par Simon-Pierre, que Jésus-Christ avait préposé comme leur chef et leur prince, élurent Mathias pour remplacer le traitre Judas qui avait vendu son divin Maître à ses ennemis. Dix jours après, le Saint-Esprit étant descendu sur eux, ils se sentirent pénétrés d'un zèle si grand, qu'ils commencèrent aussitôt à prêcher hautement partout le Nom de Jésus-Christ, parlant le langage de toutes les nations, ayant reçu le don miraculeux des langues.

Rien ne put les arrêter; ni la crainte des prêtres et des pharisiens, ni les outrages, ni les supplices. Les conversions furent innombrables, et les miracles de saint Jean et de saint Pierre, dont l'ombre seule guérissait les plus grandes infirmités, contribua beaucoup à augmenter le nombre des fidèles adorateurs de Jésus-Christ. Les princes des prêtres ne purent voir, sans une violente jalousie, les progrès de cette religion naissante; une sanglante persécution s'éleva contre les fidèles; et bientôt Etienne, le premier des diacres choisis par les apôtres, paya de son sang le courage d'avoir osé annoncer devant ses persécuteurs le nom de Celui qu'ils avaient crucifié.

Les disciples alors se dispersèrent dans la Judée et les provinces de l'Asie, annonçant partout la parole de vie, et Saul, l'un des persécuteurs, converti tout-à-coup par un prodige, devint, sous le nom de Paul, l'un des plus zélés disciples du Christ, et l'apôtre dont Dieu se servit plus spécialement pour répandre sa doctrine parmi les nations les plus reculées de l'Occident.

Ce fut vers ce temps-là que saint Jacques le Mineur, surnommé le frère du Seigneur, parce qu'il était son cousin, fut déclaré évêque de Jérusalem ; il fut le premier établi dans cette dignité par les apôtres. Saint Epiphane [1] rapporte que, pour marque de son sacerdoce sublime, il portait sur le front une lame d'or, à l'imitation des grands-prêtres, et Eusèbe de Césarée [2] ajoute que tel était le respect que lui portaient les Juifs, que, quoiqu'il ne fût point de la race d'Aaron, il avait le privilège d'aller prier dans la première partie du sanctuaire où les prêtres de cette famille avaient seuls le droit d'entrer, le matin et le soir, pour offrir les parfums sur l'autel d'or (de l'ère chrétienne, année 34-35).

Pilate, qui avait commandé la mort de Jésus-Chrit, accusé de violences par les Samaritains, fut rappelé de Judée à Rome, et exilé ensuite par l'empereur Caïus-Caligula à Vienne, dans les Gaules, où il se tua de désespoir : épouvantable châtiment du crime qu'il avait commis, en livrant contre sa propre conscience le Juste à ses ennemis.

[1] Hæres. 29.   [2] Hist. Ecclés. ii. ch. 23.

Pendant ce temps, l'Evangile était prêché dans l'univers, et grandissait dans Antioche, où saint Pierre établissait son siège épiscopal, qui devait être le premier de l'Orient.

Tandis que le christianisme s'affermissait, le judaïsme marchait à grands pas vers son déclin; un massacre épouvantable de juifs eut lieu à Alexandrie, et Caligula voulut ensuite faire placer sa propre statue et la faire adorer dans le sanctuaire du temple de Jérusalem.

A cette nouvelle, les juifs de Judée se levèrent en foule, préférant la mort à une telle profanation; la sage lenteur de Pétrone, gouverneur de Syrie, sut toutefois conjurer cette tempête, et la mort de l'empereur mit un terme à ses projets insensés. Ce fut aussi vers cette époque qu'Hélène, reine d'Adiabène, petit royaume de l'Asie, qui avait embrassé la religion juive, vint fixer son séjour à Jérusalem où elle bâtit un palais magnifique et un tombeau d'une grandeur et d'une beauté merveilleuses, qu'on voyait encore du temps de saint Jérôme [1], à trois stades de Jérusalem. Cette princesse se signala par ses libéralités, et durant une famine qui désola la Judée, nourrit à ses frais beaucoup de monde (de l'ère chrét., 44).

Hérode Agrippa, fils d'Aristobule, et conséquem-

______
[1] Epit. 27.

ment du grand Hérode et de Marianne, revint cette année-là en Judée, avec le titre de roi qu'il avait obtenu par la faveur de Caligula et de Claude qui venait de succéder à celui-ci. Les commencements de son règne s'annoncèrent sous d'assez heureux auspices, quoique quelques juifs voulussent encore exciter du désordre, à cause des spectacles qui se donnaient dans le théâtre bâti par Hérode. Il fit de riches présents au Temple et embellit Jérusalem de plusieurs édifices. Mais, pour complaire aux juifs, il se mit bientôt à persécuter l'Eglise naissante, et ayant fait arrêter saint Jacques le Majeur, qui était alors à Jérusalem, il le fit décapiter la deuxième année de son règne.

Voyant ensuite combien la mort de ce saint homme était agréable à la partie fanatique du peuple, il fit aussi arrêter saint Pierre, qui se trouvait alors à Jérusalem; mais un ange délivra Pierre de ses chaînes, et trompa ainsi l'attente de ses persécuteurs. A quelques jours de là, Hérode Agrippa mourut à Césarée, frappé de la main du Seigneur. Dès cette époque, la Judée cessa d'avoir des rois particuliers et fit partie du gouvernement de la Syrie.

L'empereur Claude, ayant chassé les juifs de Rome et avec eux les chrétiens qu'on confondait encore avec ceux-ci, Pierre, qui depuis plusieurs années y avait établi le siège principal de l'Eglise, en sortit avec les autres juifs et revint à Jérusalem, où il tint alors un concile qui fut le premier de cette ville et de tout le monde chrétien. L'occasion de ce concile était l'opiniâtreté des fidèles d'entre les juifs, qui soutenaient que les nouveaux convertis d'entre les gentils ou idolâtres à la foi du Christ, devaient se soumettre à la circoncision et aux autres observances de la loi de Moïse : cette contestation avait eu lieu à Antioche. Paul et Barnabé vinrent pour lors à Jérusalem et exposèrent le différend à saint Pierre qui s'y trouvait avec Jean et Jacques, évêques de la ville.

Pour juger une question si importante, ils firent aussitôt rassembler les prêtres de l'Eglise. Pierre, en sa qualité de chef, parla le premier. Il dit que le Saint-Esprit ne faisait aucune différence entre les juifs et les gentils qui adoraient Jésus-Christ, et qu'il serait mal à propos d'imposer à ceux-ci un joug que les juifs même avaient tant de peine à supporter. Après que Paul et Barnabé eurent raconté les graces que le Seigneur avait accordées aux nations par leur ministère, Jacques conclut, par le sentiment de Pierre, en disant qu'il ne fallait ordonner autre chose aux idolâtres qui venaient à la foi chrétienne, sinon qu'ils eussent à s'abstenir des viandes immolées aux idoles, du sang des animaux et de la fornication. Par cette détermination aussi prudente que sainte, les deux partis demeurèrent satisfaits. On en dressa une Epître synodale, et pour lui donner plus d'autorité, on la commença par ces paroles : *Il a semblé bon au Saint-Esprit et à nous.* Formule qui fait voir que ce ne sont pas les hommes qui font les décisions des conciles, mais bien le Saint-Esprit; ce qui les rend infaillibles en matière de foi; ce fut ainsi qu'on en dressa désormais tous les décrets. Judas et Silas, deux des disciples, furent chargés de porter l'Epître synodale qui devait rendre la paix à l'Eglise d'Antioche (de l'ère vulg. 51). Les apôtres se séparèrent peu de temps après, et recommencèrent le cours de leurs prédications évangéliques.

Au milieu des troubles qui, depuis plusieurs années, agitaient déjà la Judée, par les querelles des juifs avec les samaritains et les gouverneurs romains, Jérusalem avait vu un jour de Pâque périr plus de trente mille de ses habitants sous les portiques du Temple; mais ce n'était là que le commencement des châtiments du Seigneur, dont la main devait s'appesantir sur ce peuple qui, après avoir été sourd à sa parole et aveugle devant ses miracles, avait demandé enfin que le sang du Juste retombât sur sa tête.

Paul revint encore une fois à Jérusalem : mais ce fut pour y être persécuté par les princes des prêtres, dont la haine le rendit enfin prisonnier des Romains, par qui il demanda à être jugé, en ayant appelé à l'empereur lui-même.

Pendant ce temps, les troubles continuaient dans la Judée ; des bandes d'assassins parcouraient les provinces, pillant les voyageurs, et souvent même exerçant les actes de la dernière insolence jusque dans la ville. Le meurtre de saint Jacques, évêque de cette ville, condamné par la haine des pharisiens et des sadducéens, fit croire aux plus sages de la nation qui avaient une haute opinion de sa sainteté que sa mort devait être la cause des malheurs qui les accablèrent bientôt après.

Le grand-prêtre Ananus, homme cruel, audacieux et sans religion, puisqu'il était de la secte des sadducéens, parent de ce même Anne ou Ananus qui, de concert avec Caïphe, avait fait condamner à mort le Rédempteur ; profita de la mort de Festus, gouverneur de la Judée, et de l'absence d'Albin, son successeur, qui n'était pas encore arrivé, pour assembler un conseil où il fit condamner saint Jacques et quelques-uns des fidèles, comme coupables d'impiété ; il les livra ensuite au peuple pour être lapidés : c'est ainsi qu'en parle Josèphe [1]. Eusèbe [2], d'après l'historien Hégésippe, ajoute que les juifs n'ayant pu réussir à perdre saint Paul, qui, par son appel à l'empereur avait

<hr>

[1] Ant. liv. xx. ch. 8.   [2] Hist. eccl. liv. ii. ch. 22.

fait avorter les mauvais desseins contre sa vie, s'en vengèrent sur l'évêque de Jérusalem.

Pressé de renier la doctrine de Jésus-Christ, Jacques la soutint avec une si merveilleuse constance devant tout le peuple assemblé, que les pharisiens en fureur le menèrent sur un des portiques du Temple, d'où ils le précipitèrent. Comme il n'était pas encore mort, et qu'il priait à genoux pour ses persécuteurs, un foulon l'acheva, en le frappant sur la tête à grands coups de marteau ; lui faisant ainsi cueillir la palme du martyre, après qu'il eut gouverné pendant vingt-neuf ans l'Eglise de Jérusalem, avec une admirable sainteté. On lui dressa sur la montagne du Temple, au lieu même de son martyre, un monument qui subsistait encore environ cent cinquante ans après.

Ananus, auteur de ce crime, fut déposé du pontificat par le jeune Agrippa qui régnait alors sur une partie de la Judée ; les plus sages et les plus modérés d'entre les juifs avaient porté des plaintes contre lui à Albin, au sujet de ce meurtre, le qualifiant d'attentat commis contre toutes les lois divines et humaines. En même temps les apôtres, les disciples et les parents de Jésus-Christ s'étant assemblés à Jérusalem, élurent tout d'une voix, pour en remplacer le siège vacant par la mort de saint Jacques, Siméon, fils de Cléophas et de Marie, sœur de la très-sainte Vierge.

Cependant la Judée et Jérusalem en particulier continuaient à être en proie à tous les maux qu'entraîne une administration violente et avare. Albin, qui en était gouverneur, trouvant son intérêt dans les troubles, ne s'empressait pas toujours à les apaiser. Ce fut vers ce temps (de l'ère vulg. 63), qu'un paysan nommé Jésus, fils d'un certain Ananus, étant venu à Jérusalem pour la fête des Tabernacles, commença tout d'un coup à parcourir la ville, en s'écriant : « Malheur au Temple ! malheur au Temple ! Voix du côté de l'orient, voix du côté de l'occident, voix du côté des quatre vents, voix contre Jérusalem et contre le Temple, voix contre les mariés et les mariées, voix contre tout le peuple ! » Et il ne cessait point de courir, en criant toujours la même chose, durant la nuit et pendant le jour. En vain voulut-on l'obliger à se taire et à cesser de menacer ainsi la ville ; on le battit de verges devant les tribunaux civils et devant le gouverneur ; il continuait toujours sa triste lamentation, sans se plaindre un instant de ce qu'on lui faisait souffrir. Enfin on le relâcha comme un insensé ; il continua à parcourir la ville, ne parlant jamais à personne, jusqu'au moment du siège de Jérusalem, en criant toujours : Malheur à Jérusalem !

Sous Florus, qui succéda à Albin, l'état de la Judée empira encore, bien loin de s'améliorer : on supporta quelque temps ses injustices en murmurant, mais enfin la tempête éclata. Comme Florus était à Césarée, il envoya des soldats pour enlever dix-sept talents du trésor du Temple. Le peuple, qui le regardait comme inviolable, y accourut avec de grands cris, invoquant le nom de César contre la tyrannie de Florus qu'il accablait de mille épithètes outrageuses. On y mêla même l'insulte la plus amère ; car il y eut des personnes qui allèrent de porte en porte demander l'aumône au nom du gouverneur.

Dès qu'il apprit cette nouvelle, ravi d'avoir un prétexte pour tourmenter les Juifs, il accourut avec des troupes considérables à Jérusalem. Le peuple, craignant alors son ressentiment, sortit au-devant de lui, pour l'apaiser par cet hommage ; mais une cinquantaine de cavaliers, qui précédaient son armée, forcèrent la multitude à se retirer en désordre vers la ville. Le lendemain de son arrivée, il fit dresser son tribunal au palais des anciens rois, et s'étant fait amener les princes des prêtres et les personnes les plus distinguées de la ville, il leur ordonna de lui remettre entre les mains ceux qui avaient eu l'insolence de l'outrager, s'ils ne voulaient qu'il fît retomber sur leurs têtes toute sa vengeance. Etonnés de ce discours, ils s'efforcèrent de le calmer par leurs soumissions et leurs respects, et s'attachèrent à lui faire comprendre

combien il y aurait de difficulté à retrouver les
coupables au milieu d'une population comme celle
de Jérusalem. Au lieu de se contenter de leurs
excuses, il commanda à ses soldats d'aller piller
le marché et de faire main-basse sur tous ceux
qu'ils rencontreraient. Ceux-ci n'exécutèrent ces
ordres que trop bien : l'insolence et la cruauté leur
étaient ordinaires. Ils se ruèrent non-seulemeut sur
le marché, mais se jetèrent dans les maisons les
plus riches ; après les avoir pillées et y avoir tué
plus de trois mille personnes, ils en amenèrent
quelques-unes des plus nobles et des plus quali-
fiées à Florus, qui, après les avoir fait cruellement
battre de verges, les fit attacher en croix, sans
égard pour la qualité de chevaliers romains, dont
plusieurs étaient revêtus.

Le lendemain de cette boucherie, de nouvelles
troupes devant arriver de Césarée, le peuple à qui
Florus avait promis de ne plus l'inquiéter, s'il
consentait à les recevoir avec quelques témoignages
d'amitié, sortit sur sa parole, ayant à sa tête les
princes des prêtres avec la musique du Temple et
les premiers de la ville. Mais les soldats, qui
avaient reçu des ordres particuliers du gouverneur,
ne se virent pas plus tôt en face de cette multitude,
qu'ils s'élancèrent sur cette troupe désarmée et
la mirent en désordre, en l'insultant de mille ma-
nières. Les princes et le peuple également chargés

de coups, se jetaient les uns sur les autres, s'é-
touffaient dans la presse, en s'efforçant de rentrer
dans la ville, foulés qu'ils étaient par la cavalerie
romaine qui les poursuivait, et qui voulait entrer
la première par la porte de Bezetha, afin de se saisir du Temple et de la forteresse Antonia.

En même temps, Florus sortait du palais pour
s'emparer de la forteresse; mais le peuple, déjà
maître des principales rues, en défendit l'accès
à coups de pierres et de bâtons; et pour empêcher
les Romains de s'emparer du temple, au moyen
de la tour Antonia, on abattit en toute hâte la
galerie qui joignait cette forteresse aux portiques
sacrés. Florus se voyant frustré de l'espoir qu'il
avait conçu de piller le trésor du temple, se dé-
termina à quitter Jérusalem, où il ne se croyait
plus en sûreté, et se retira de nouveau à Césarée.
Il écrivit aussitôt à Cestius, gouverneur de Syrie,
accusant les Juifs d'une sédition dont il était seul
la cause. Mais ceux-ci, soutenus par la princesse
Bérénice, sœur du jeune Agrippa, lui écrivirent
de leur côté, pour justifier leur conduite, en l'a-
vertissant des procédés odieux de Florus.

Cependant le jeune roi Agrippa, étant revenu
d'Egypte, monta au temple avec tout le peuple,
auquel il fit un long discours, judicieux et élo-
quent, pour tâcher de ramener à la raison les esprits irrités et les exhorter à la patience, en atten-

dant que l'empereur eut envoyé un successeur à celui dont ils avaient un si juste sujet de se plaindre. Mais lorsqu'Agrippa essaya de leur persuader d'obéir encore à Florus, jusqu'à l'arrivée de son successeur, le peuple entra dans une telle fureur, qu'on força ce prince à quitter la ville ; on lui jeta des pierres, et on lui adressa toutes sortes d'injures et de menaces. Alors Agrippa se retira de la partie de la Palestine soumise à son obéissance, laissant les Juifs se préparer à la guerre. Quelques séditieux, du nombre de ceux qu'on appelait les assassins, toujours prêts à piller et à massacrer, s'emparèrent du château de Massada et passèrent la garnison romaine au fil de l'épée.

Eléazar, fils d'Ananie, capitaine du temple, se mettant à la tête de la révolte, persuada ou plutôt força les prêtres d'abandonner la coutume observée jusqu'alors, d'offrir des sacrifices pour le salut de l'empereur et pour les Romains. Les princes des prêtres, les pharisiens et tous ceux qui souhaitaient la paix, ne pouvant arrêter ces violences, envoyèrent demander du secours à Florus et à Agrippa, afin qu'on ne les rendît pas responsables des excès dont ils prévoyaient les suites fâcheuses. Florus négligeant de leur répondre, Agrippa, qui aimait son pays, leur envoya trois mille cavaliers qui furent reçus dans la ville haute, les rebelles étant maitres de la ville basse et du temple. On commença à se battre dans Jérusalem, et le jour de la Xylophorie, qui est une fête des Juifs, les séditieux voulant empêcher le peuple de s'acquitter de son devoir en portant du bois sur l'autel des holocaustes, il y eut de grandes profanations commises dans le temple.

Au milieu de tous ces désordres, les rebelles, demeurant les plus forts, s'emparèrent de la ville haute. Ils mirent le feu à la maison du pontife Ananie, père d'Eléazar, leur chef, et au palais d'Agrippa et de Bérénice; ils brûlèrent ensuite le greffe où se conservaient tous les titres publics, afin d'attirer dans leur parti tous les débiteurs, dont ils acquittaient ainsi les dettes.

Le lendemain, ils prirent et brûlèrent la tour Antonia, massacrant toute la garnison romaine qui s'y était renfermée. Vingt jours après, le haut palais tombait en leur pouvoir. Ananie y fut trouvé avec son frère Ezéchias, et sa qualité de souverain sacrificateur et de père d'Eléazar ne put le sauver de la fureur des séditieux qui le tuèrent avec son frère. Ils ne respectèrent pas davantage la sainteté du jour du sabbat; car, en cette solennité, ils mirent à mort un grand nombre de Romains qui, sur la parole qu'on leur avait donnée, avaient mis bas les armes.

Le même jour et à la même heure que les Juifs massacraient la garnison romaine à Jérusalem, vingt mille Juifs étaient égorgés dans Césarée, par les gentils, et un massacre immense s'organisait dans toute la Palestine, dans l'Egypte et dans la Syrie. Cestius, gouverneur de Syrie, averti de ce qui se passait, entra de son côté avec une grande armée dans la Judée, pillant et brûlant les villes soumises aux Juifs; ensuite il vint mettre le siège devant Jérusalem, qu'il aurait prise, s'il avait su mettre à profit ses avantages, ou plutôt si Dieu ne l'eût ainsi permis pour donner aux chrétiens le temps d'en sortir. Cestius, ayant alors laissé échapper l'occasion d'obtenir la victoire, retira son armée avec si peu d'ordre, que les Juifs, ayant fait une sortie, lui tuèrent plus de cinq mille hommes de l'arrière-garde, et mille cavaliers, contraignant le reste à chercher son salut dans la fuite, en abandonnant tout le bagage et les machines de guerre de l'armée romaine. Cet heureux succès, en enflant le cœur des séditieux, fit comprendre aux plus sages que désormais il n'y aurait plus de paix à espérer, et que les Romains ne manqueraient pas de revenir contre Jérusalem, et de venger sur toute la nation l'affront qu'ils venaient de recevoir. Ainsi plusieurs des plus considérables sortirent de la ville; les chrétiens, avertis par le Sauveur [1] que lorsqu'ils verraient Jéru-

---

[1] Luc, ch. XXI. v. 22.

salem environnée par une armée, ils eussent à se retirer sur les montagnes, la quittèrent aussi vers ce temps-là, et se mirent en sûreté au-delà du Jourdain, dans la ville de Pella, qui était du royaume d'Agrippa.

En même temps, Cestius avertit l'empereur Néron, qui était dans l'Achaïe, des désordres de la Palestine, en lui faisant connaître toute l'importance de la révolte des Juifs. Néron, jugeant qu'il n'y avait rien à négliger dans des conjonctures si pressantes, envoya en Judée Vespasien, pour forcer les séditieux à rentrer dans le devoir par la force des armes. De leur côté, ils songèrent à se mettre en état de défense contre les Romains : on tint un grand conseil dans le temple, et d'un commun consentement, on élut divers chefs, tant pour commander dans Jérusalem que dans le reste de la Judée. Joseph Ben-Gorion et le pontife Ananus, fils d'Anne, furent nommés pour la ville ; Eléazar, fils d'Ananie et chef de la révolte, pour l'Idumée, et Josèphe l'historien, fils de Mathias, pour les deux Galilées.

Vespasien étant entré dans la Palestine, la réduisit presque tout entière par le fer et par le feu, ravageant les villes et les campagnes, massacrant tous les hommes en état de porter les armes, et vendant un nombre presqu'innombrable d'autres personnes, qui furent réduites à l'esclavage. Ceux qui échappèrent aux Romains vinrent se réfugier dans Jérusalem ; mais la guerre civile était dans ses propres murailles. Comme les fuyards y arrivaient en très-grand nombre, leur séjour y occasionna la disette et d'effroyables divisions. Des querelles avec les citoyens, ils passèrent bientôt au meurtre et au pillage. Pour se rendre tout-à-fait maîtres de la ville, ils se saisirent du temple, qui était l'endroit le plus fort et qui commandait à tout le reste, comme d'une citadelle où ils avaient une retraite assurée. (An de l'ère vulg. 67.)

Les brigands qui jusque-là avaient fait le métier de désoler la Judée, se mêlèrent à eux, et prirent le nom de zélateurs. Leur faction devint bientôt si puissante, qu'ils forcèrent les habitants de jeter le souverain pontificat au sort ; il tomba sur un homme ignorant et de la classe la plus obscure des prêtres. Ananus, qui avait été grand-prêtre six ou sept ans auparavant, employa l'autorité que son âge et son expérience lui avaient acquise, pour défendre l'honneur de cette haute fonction et exciter le peuple à se venger des cruautés des zélateurs. Ceux-ci, informés des desseins d'Ananus, vinrent les premiers provoquer le peuple. Le combat se donna près du temple ; après quelques légers désavantages, les factieux forcés dans la première enceinte, furent contraints de se renfermer dans le parvis des prêtres, où Ananus se contenta de les tenir serrés , sans vouloir les attaquer davantage , par respect pour le lieu saint.

Voyant qu'ils y étaient si étroitement assiégés , qu'ils n'avaient aucun espoir de pouvoir s'échapper , ils trouvèrent moyen de faire entrer dans la ville un grand nombre d'Iduméens , par la trahison de Jean de Giscale, qui en apparence favorisait le parti d'Ananus , mais en secret servait les zélateurs. Pour rendre l'ancien pontife plus odieux , il fit courir le bruit qu'il voulait rendre la ville aux Romains. Les Iduméens se servirent de cette imposture pour colorer leurs violences ; elles furent telles qu'ils massacrèrent plus de huit mille cinq cents citoyens, sans même épargner les prêtres. Ananus fut sacrifié des premiers à leur colère ; il fut étranglé sur la place publique.

Les Iduméens , se joignant ensuite aux zélateurs qu'ils avaient délivrés de l'enceinte où ils étaient bloqués , s'accordèrent si parfaitement avec eux dans leur haine et leur cruauté contre les premières familles et l'ordre sacerdotal , que Josèphe compte plus de douze mille personnes du plus haut rang , massacrées après avoir souffert des insultes et des tortures épouvantables. La mort d'un grand personnage, que sa vertu rendait vénérable aux Iduméens même, leur ouvrit les yeux sur tant d'atrocités ; ils se résolurent à quitter Jérusalem ; mais auparavant ils mirent en liberté deux mille habitants qui se retirèrent à Massada. Les zélateurs furent ravis de se voir seuls maîtres dans Jérusalem; ils exercèrent leurs cruautés avec une entière liberté, faisant périr tous ceux qui leur faisaient ombrage. Les plus sages des habitants auraient bien voulu quitter la ville; mais ils ne le pouvaient faire qu'avec le plus grand danger, les rebelles tuant comme traîtres tous ceux qui s'y hasardaient, à moins qu'ils ne rachetassent leur liberté au prix d'une somme d'argent considérable.

Pendant que ces choses se passaient et qu'un nouveau parti se formait entre les chefs des zélateurs opposés à Jean de Giscale qui voulait seul les commander, Vespasien, laissant les Juifs se consumer eux-mêmes par leurs propres divisions, préparait des forces considérables pour venir mettre le siège devant Jérusalem, lorsqu'il fut tout-à-coup élu empereur par son armée, contre Vitellius, qui venait de rester seul maître de l'empire, après la mort de Néron, de Galba et d'Othon. Vespasien partit alors pour Rome et chargea son fils Titus du soin de réduire les Juifs.

Trois partis déchiraient Jérusalem, lorsque Titus, concentrant ses forces dans Césarée, vint mettre le siège devant cette malheureuse ville. Simon, fils de Gioras, tenait la ville haute et une partie de la ville basse; Jean de Giscale, les portiques de la première enceinte du temple; et Eléazar, fils de

Simon, avec un petit nombre de partisans d'entre les zélateurs, occupait le parvis des prêtres qui commandait celui du peuple par sa position plus élevée. Chaque jour ces partis en venaient aux mains, et le temple était souillé par le sang des morts ou par les débauches des partisans d'Eléazar qui, étant maître des prémices sacrées et des offrandes que l'on faisait à l'autel, en faisait part aux siens, qui en abusaient jusqu'à s'enivrer. Simon, de son côté, ne manquait pas de vivres, puisqu'il était maître de la ville, et Jean s'en fournissait par les courses qu'il faisait sur le peuple : ainsi, au milieu de tant d'ennemis, Jérusalem était comme une proie que plusieurs bêtes féroces déchiraient, chacune de son côté.

Tel était l'état de cette malheureuse ville, lorsque Titus s'en approcha, au temps de la fête de Pâques, qui avait attiré une multitude infinie de peuple, de tous les côtés de la Judée, dans l'assurance qu'il n'y avait rien à craindre. Titus assit son camp vers la montagne des Oliviers, où le Sauveur, jetant ses regards sur Jérusalem, avait versé des larmes sur la désolation à laquelle elle serait bientôt en proie. L'approche de l'ennemi n'y fit pas cesser entièrement les divisions des partis, et le 14 d'avril de l'année 70, qui était le jour des azymes, le premier de la Pâque, Eléazar ayant fait ouvrir les portes du parvis des prêtres, pour recevoir ceux du peuple qui voulaient y venir adorer Dieu , Jean de Giscale en profita pour y introduire plusieurs de ses partisans, qui, s'étant rendus maîtres de cette enceinte, y causèrent un tumulte effroyable. On se battit autour de l'autel des holocaustes , où le peuple s'était retiré dans ce désordre , et tout le parvis des prêtres, les alentours du Saint et du sanctuaire furent inondés de sang et remplis de corps morts.

La faction d'Eléazar, trop faible dès lors pour se soutenir seule, se réunit à celle de Jean et plus d'une fois même , lorsqu'il s'agissait d'une sortie contre les Romains , celle de Simon se joignait à eux , tous songeant alors à la défense commune et s'y portant avec une telle valeur , que Titus se vit souvent dans le plus grand péril.

Il ne se laissa néanmoins point abattre par le mauvais succès de quelques attaques. Au contraire, il poursuivit le siège si vivement , qu'en six jours il se vit maître des deux premières murailles et se logea au pied de la troisième. Ce fut vers cette époque que ce Jésus, fils d'Ananus , qui depuis sept ans parcourait la ville , en la menaçant de ses tristes lamentations , fut tué. Jésus fit une dernière fois le tour des murailles , en criant d'une voix plus haute : « Malheur , malheur sur la ville ! Malheur sur le Temple ! » Après quoi il ajouta : « Malheur sur moi-même ! » Et aussitôt une pierre , lancée par les machines des assiégeants, le vint frapper à la tête et le renversa mort comme il proférait ces mots.

Les Juifs se défendaient cependant avec une inconcevable bravoure : mais les vivres commencèrent bientôt à manquer, les magasins publics où l'on gardait du blé pour plusieurs années ayant été brûlés à la suite d'un combat entre les partisans de Simon et ceux de Jean de Giscale. La famine augmentait tous les jours dans la ville. Plusieurs habitants sortirent pour l'éviter ; et Titus les faisait crucifier, afin d'épouvanter les autres. Bientôt le nombre en fut si grand, que la place manquait pour planter les gibets où l'on attachait ces malheureux fuyards. Ils portaient ainsi la juste punition des cris qu'ils avaient proférés contre Jésus-Christ, en demandant à Pilate qu'il fût crucifié. Le bruit s'étant répandu dans l'armée romaine que ceux qui se rendaient, avaient avalé leur or pour l'emporter plus sûrement, les soldats arabes et syriens tuèrent dans une seule nuit plus de deux mille de ces malheureux, fouillant leurs entrailles pour trouver les trésors qu'ils y croyaient cachés.

Titus arrêta promptement le cours de ces atrocités. Pour amener les assiégés à se rendre au plus tôt par la faim, il fit bâtir autour de la ville une muraille immense avec treize forts ; et cet ouvrage qui semblait devoir demander plusieurs mois, fut néanmoins achevé en trois jours, par l'activité des

Romains. C'était l'accomplissement de la prophétie du Fils de Dieu [1] : « Tes ennemis t'environneront de tranchées, ils t'environneront de toutes parts..., » avait-il dit, en parlant de cette ville meurtrière des prophètes. Ce fut alors que les Juifs enfermés dans Jérusalem désespérèrent entièrement de leur salut. La famine dévorait les familles entières ; les maisons étaient pleines de cadavres auxquels on n'avait plus le courage de donner la sépulture. Les vivres étaient diminués à un tel point, qu'après avoir eu recours aux choses les plus dégoûtantes, on en fut réduit à se nourrir de chair humaine. Les Romains eux-mêmes ne purent entendre le récit de tant de misères, sans en éprouver une véritable compassion ; mais les factieux, habitués au meurtre et au pillage, ne s'en endurcissaient que davantage. S'ils manquaient eux-mêmes de quoi manger, ils enfonçaient les portes des maisons où ils soupçonnaient qu'il y avait encore un morceau de pain, ne faisant grace à personne, arrachant même aux mourants ce qui pouvait un instant encore soutenir leur misérable vie.

Au milieu de tant d'horreurs, une dame de qualté, nommée Marie, fille d'Eléazar, qui s'était, au rapport de Josèphe [2], retirée à Jérusalem pour éviter les malheurs de la guerre, s'y était trouvée

____
[1] Luc. ch. 19.   [2] De Bello, liv. vi, ch. 21.

renfermée au temps du siège avec son fils qu'elle nourrissait de son lait. Après que les factieux lui eurent enlevé ses richesses et ce qui lui restait pour vivre, poussée par le désespoir et ne pouvant se faire donner la mort, la faim, la rage, la colère lui inspirèrent une résolution qui fait horreur à la nature. Elle considéra quelque temps son enfant ; puis, comme s'il eût pu la comprendre, elle lui adressa les paroles les plus touchantes sur le malheureux état où elle se trouvait réduite avec lui. Ensuite, saisissant subitement un couteau, elle le tua de sa propre main, le fit cuire, en mangea un morceau et cacha le reste.

Les rebelles, sentant l'odeur de cette viande abominable, entrèrent tout d'un coup dans sa maison. Mais elle, leur montrant avec fureur les restes de son fils, les leur offrit à manger, leur demandant, en s'apercevant de leur saisissement, s'ils étaient moins hardis qu'une femme et plus compatissants qu'une mère ? A ces paroles, qui exprimaient toute l'exaspération de cette femme infortunée, ils se sauvèrent tout tremblants, répandant dans la ville le bruit d'une action aussi horrible.

Un telle extrémité ne put toutefois amollir le cœur de ceux qui commandaient dans la ville. Ils abusaient le peuple par de fausses prophéties d'un secours prochain, et lui faisaient rejeter toutes les propositions que par pitié pour eux Titus leur faisait offrir. Cette obstination le contraignit à pousser plus vivement le siège. Après plusieurs attaques opiniâtres, il prit enfin la tour Antonia, qu'il démolit en partie pour pouvoir assiéger le Temple. Enfin le dix-septième jour de juillet, le sacrifice perpétuel qui se devait offrir chaque jour, le soir et le matin sur l'autel, cessa, ne s'étant plus trouvé un seul prêtre pour le faire. C'en était fait désormais du culte des Hébreux. Quelques jours après, Titus s'empara des portiques de la première enceinte du Temple, auxquels il fit mettre le feu. Pour empêcher les Romains d'entrer dans le Temple, les Juifs incendièrent eux-mêmes les galeries qui conduisaient à la tour Antonia ; de sorte qu'ils n'occupaient plus que l'enceinte intérieure ou le parvis des prêtres avec le vestibule et le sanctuaire, les appartements et les galeries qui environnaient le lieu saint.

Tout était prêt pour détruire le Temple par le fer et le feu. Mais comme on venait déjà de mettre la flamme aux portes, Titus, à la vue d'un édifice si célèbre et si magnifique, commanda de le conserver, et, contre l'avis de son conseil de guerre, il fit éteindre le feu qui commençait à gagner le parvis des prêtres. Chacun lui obéit ; mais les hommes ne purent conserver ce que Dieu avait résolu de détruire.

Les Juifs firent une sortie par la porte orientale,

où ils eurent d'abord quelque avantage contre les Romains. Titus étant accouru, repoussa les Juifs et les força à la retraite après un combat d'environ quatre heures. A la suite d'une seconde sortie, les Romains les poursuivirent jusque dans le Temple intérieur, et malgré les ordres formels que Titus avait donnés de respecter cet édifice, un soldat s'étant fait soulever par ses compagnons, jeta par une fenêtre un tison enflammé dans un des magnifiques salons sacerdotaux qui environnaient le Sanctuaire. Le feu s'y étendit aussitôt avec une grande violence. Les Juifs, avec des cris épouvantables, accoururent aussitôt pour l'arrêter, sans songer au péril et sans craindre les Romains qui les environnaient. C'était le dixième jour d'août, jour fatal au temple de Jérusalem, puisque ce fut au même jour et au même mois qu'il avait été brûlé par les Chaldéens sous Nabuchodonosor. (De l'ère chrétienne vulg. 70.)

Titus, apprenant ce malheur, accourut aussitôt donnant de nouveaux ordres pour éteindre la flamme; mais déjà il était trop tard : tous les appartements extérieurs étaient en feu. Il entra dans le Sanctuaire et pénétra jusqu'au Saint des saints, dont il admira la magnificence en reconnaissant qu'il surpassait tout ce que l'on en avait publié. Désirant conserver au moins cette partie du Temple, il essaya de faire arrêter les flammes qui n'avaient pas encore pénétré dans le Sanctuaire. Mais sa destruction était résolue ; à peine Titus était-il sorti qu'un soldat attacha secrètement un brandon derrière la porte, et l'on vit tout-à-coup paraître la flamme qui obligea tous ceux qui y étaient encore à se retirer promptement : les soldats, voyant alors qu'il n'y avait plus rien à ménager, ne songèrent plus qu'à piller toutes les richesses de ce lieu sacré, qui fut entièrement réduit en cendres, le même jour où le feu y avait été mis. On ne réserva de ce surperbe édifice que les deux portes principales qui demeurèrent debout, comme un souvenir de sa magnificence et de sa grandeur.

Les Romains plantèrent alors leurs drapeaux vis-à-vis la porte orientale du parvis des prêtres, qu'ils profanèrent par des sacrifices impies à Jupiter victorieux et à leurs autres dieux : acharnés de la longue résistance des Juifs, ils firent un carnage horrible de tous ceux qu'ils retrouvèrent. Après le Temple, les quartiers de la ville qui étaient au pouvoir de Titus, furent livrés au pillage et à l'incendie. Le lendemain, on brûla le trésor des Chartres, le palais d'Acra, celui où l'on rendait la justice et le quartier d'Ophla. L'embrasement se communiqua jusqu'au palais d'Hélène, reine des Adiabéniens, dont la famille fut sauvée par Titus. Les derniers chefs de la sédition, Jean et Simon, retranchés dans le palais des rois sur la montagne de Sion, auraient pu long-temps encore peut-être s'y défendre : mais Dieu la livra aux assiégeants ; et le huitième de septembre, jour de sabbat, ils furent les maîtres absolus de Jérusalem, dont ils brûlèrent les restes, n'exceptant de cette ruine générale que les trois tours d'Hippicos, de Phasaël et de Mariamne, afin de faire connaître à la postérité quelles avaient été la force et la beauté de cette ville célèbre.

L'historien Josèphe, faisant le dénombrement de la population par les hosties qui furent immolées le jour de Pàque de cette année, dit que ceux qui se trouvèrent en état de manger l'agneau pascal montaient à deux millions sept cent mille personnes : en outre il devait y en avoir un grand nombre que les impuretés légales ou quelque autre raison, empêchaient de célébrer la fête comme les autres.

De cette multitude incroyable, onze cent mille moururent durant le siège, et quatre-vingt-dix-sept mille furent faits prisonniers, pendant tout le temps de la guerre, selon le calcul du même auteur qui se trouva présent au siège et au sac de sa malheureuse patrie.

A peine demeura-t-il quelque trace de cette superbe cité qui avait été la reine de l'Orient et le siège de la religion pendant plus de onze cents ans, depuis que David y avait établi son séjour. Titus la fit entièrement ruiner, exécutant la prophétie de

Jésus-Christ : « Qu'on n'y laisserait pas pierre sur pierre. »

Ceux de ses habitants que la fureur du soldat épargna furent réduits au plus dur esclavage ou à une condition plus dure encore : un tribut énorme fut imposé à toute la nation, tandis que sept cents des plus beaux hommes d'entre les captifs suivaient, enchaînés avec leurs chefs Jean et Simon, pris dans les égouts de leur ville, le triomphe du vainqueur. Tous les vases du Temple, le chandelier d'or à sept branches et les livres de la loi de Moïse, parurent dans cette pompe qui vengeait ainsi sur les Juifs la mort du Rédempteur crucifié par leurs mains. Jérusalem, étant réduite en quelque sorte en solitude, perdit le nom de capitale de la Palestine, qui fut donné à la ville de Césarée.

Ainsi finit cette guerre célèbre des Romains contre les Juifs; nous en tenons l'histoire de Josèphe, l'homme du monde le plus capable de nous en instruire, comme témoin occulaire et acteur, et reconnu par le témoignage des juifs, des païens et des chrétiens, pour l'écrivain le plus fidèle et le plus exact de cette guerre. Quoique la mort de Jésus-Christ soit la consommation de l'ancienne alliance et le commencement de la loi nouvelle, toutefois l'époque de la chute de la Synagogue et l'abolition totale des cérémonies judaïques, date de la destruction du Temple par les Romains. A la

résurrection du Sauveur, la loi mosaïque expira,
mais elle ne fut ensevelie que sous les ruines du
Temple de Jérusalem.

LIVRE TROISIÈME

Comprenant l'histoire de Jérusalem depuis sa destruction
par Titus, jusqu'à nos jours.

Après la ruine de Jérusalem par Titus, on ne connaît rien de bien précis sur l'état de cette ville jusqu'au règne de l'empereur Adrien. Quoique les historiens ne soient point d'accord sur le temps où elle commença à se repeupler, on sait toutefois qu'elle dut renfermer un certain nombre d'habitants, mais des plus pauvres et des plus misérables d'entre les Juifs, qui vinrent, peu de temps après la destruction du Temple, pleurer sur ses ruines et se bâtir quelques chétives masures, au milieu des décombres de leur antique métropole.

On sait aussi que les Romains y entretenaient une garnison dans les trois tours d'Hippicos, de Phasaël et de Mariamne, conservées par Titus, et l'on pourrait inférer du texte de l'Evangile de saint

Jean [1], que la piscine probatique où le Sauveur
avait guéri le malade de trente-huit ans, existait
encore à l'époque où il l'écrivit, c'est-à-dire vers
l'an 96 de l'ère chrétienne. Ce qui paraît encore
certain, c'est que les Chrétiens réfugiés au-delà du
Jourdain, pendant le siège de Titus, retournèrent
à Jérusalem [2], avec saint Siméon, leur évêque, et
qu'ils y parurent avec un grand nombre de prodiges et de miracles; en sorte, dit Tillemont,
qu'on y vit refleurir l'Eglise de Jésus-Christ, composée d'un grand nombre de Juifs qui avaient embrassé la Foi, et cela continua, d'après Eusèbe,
jusqu'à ce que la ville eût été ruinée de nouveau
sous Adrien.

Durant la persécution de Trajan, saint Siméon,
accusé par quelques Juifs hérétiques, fut traduit
au tribunal d'Atticus, qui gouvernait la Palestine
comme chrétien et descendant de la race royale
de David. Après avoir souffert divers tourments
pendant trois jours, malgré son grand âge, car il
avait au-delà de cent vingt ans, il fut crucifié
et périt ainsi, comme son divin Maître, pour aller
jouir de l'immortalité céleste. (L'an 107 de l'ère
chrétienne).

Après saint Siméon, treize évêques gouvernèrent
successivement l'église de Jérusalem jusqu'à Adrien,
tous tirés d'entre les Juifs qui composaient cette

[1] Ch. 5. v. 2.　　　[2] Tillemont, t. ii. p. 85.

Eglise, dans laquelle, selon Sulpice Sévère [1], on observait encore toutes les cérémonies de la loi judaïque avec celle de J.-C. Quoiqu'on ne sache pas combien de temps chacun de ces treize évêques occupa ce siège, on peut cependant être assuré que ce ne fut que pendant un espace bien court, puisque, depuis saint Siméon jusqu'à l'expulsion totale des Juifs de Jérusalem, il ne se passa qu'une trentaine d'années. Ce fut dans le cours de ses voyages, que l'empereur Adrien, ayant traversé la Judée, pour se rendre d'Egypte en Syrie, forma le projet de rebâtir Jérusalem, d'y établir une colonie romaine, à laquelle il voulut donner son nom, et d'y ériger un temple à Jupiter Capitolin. (An 129 de l'ère chrét.)

Les ordres furent donnés en conséquence, et déjà l'on avait commencé les travaux des nouvelles constructions, lorsque les Juifs, déjà poussés à bout par les vexations de tout genre, et ne pouvant souffrir qu'une population étrangère et un culte profane vinssent s'établir sur les ruines de leur sanctuaire, prirent les armes de toutes parts et se donnèrent rendez-vous à Béthoron, ville de la tribu de Benjamin.

Un imposteur, s'érigeant en Messie sous le nom fastueux de Bar-Cochebas (fils de l'Etoile), homme séditieux, téméraire et entreprenant, se mit à la

---

[1] Sulp. Sev. liv. ii. p. 150

tête des révoltés, qui ne pensaient à rien moins qu'à rendre la Judée aussi libre et aussi florissante que sous ses plus grands rois. A la tête d'une armée nombreuse, Bar-Cochebas, que les Juifs et leurs rabbins annonçaient comme [1] l'*étoile* que Balaam *avait vue de loin*, n'eut qu'à se présenter devant Jérusalem pour s'en emparer. Les Romains et tous les étrangers qu'il y put surprendre, furent massacrés avec la dernière cruauté, et un nombre considérable de Chrétiens, parmi lesquels on compte saint Jude II, évêque de Jérusalem [2] et le dernier de race juive, furent mis à mort avec eux, après avoir souffert un long et douloureux martyre.

Ces excès surprirent d'abord les Romains, qui, se sentant trop faibles, se retirèrent dans les places les plus fortes, où ils se tinrent sur la défensive, en attendant qu'ils eussent informé l'empereur de ce soulèvement. Les Juifs commencèrent aussitôt à fortifier leur capitale et à préparer les travaux pour un nouveau temple. Mais en ce temps-là [3] le tombeau de Salomon, pour lequel ils avaient une profonde vénération, s'écroula avec un grand fracas, et des bêtes sauvages errèrent pendant plusieurs nuits dans Jérusalem, ce qui était un triste présage de ce qui allait arriver.

[1] Basnage, suppl. à l'hist. des Juifs, liv. iv. ch. 8.

[2] Euseb. hist. ecclés. liv. iv. ch. 5.

[3] Basnage, suppl. liv. iv. ch. 8.

En effet Jules-Sévère vint avec toutes les forces de l'Orient mettre le siège devant Jérusalem ; il fut long et opiniâtre : enfin la ville fut prise d'assaut, et tout ce qui s'y trouva de Juifs fut passé au fil de l'épée. Jules-Sévère en rasa aussitôt toutes les murailles et le peu d'édifices qui étaient restés debout depuis Titus ; il acheva ensuite de reconquérir le reste de la Judée sur les rebelles. Dion assure que cinq cent quatre-vingt-cinq mille de ces malheureux périrent durant cette guerre, soit par le fer, le feu, la faim ou les maladies. D'autres historiens ajoutent qu'un nombre considérable en fut vendu aux foires de Gaza et de Membré ; celle-ci avait lieu ordinairement autour de l'arbre vénérable sous lequel, disait-on, Abraham reçut autrefois les trois anges. Les Juifs, que l'on y vendit à bas prix comme de vils animaux, conservèrent si long-temps le souvenir de ce malheur, qu'au temps même de saint Jérôme la foire du Térébinthe, c'était le nom de cet arbre, était encore en exécration parmi eux. Ceux qui échappèrent aux vainqueurs, abandonnèrent leur patrie, qui resta long-temps comme déserte (De l'ère chrét. 135).

Dès que la guerre fut terminée, Adrien reprit son premier projet de rebâtir Jérusalem ; la tradition des Juifs veut qu'auparavant il ait fait passer la charrue sur le lieu où avait été le temple, ce qui était le comble de l'ignominie et la marque de la dernière désolation. Pour achever de détruire ensuite le judaïsme et le christianisme, qu'il regardait comme une branche de cette antique religion, il bâtit le temple de Jupiter Capitolin sur l'emplacement même du sanctuaire de Jéhova ; un autre fut bâti sur le sépulcre du Sauveur, et un troisième consacré à Adonis sur la crèche où Jésus avait été couché par sa sainte Mère. Le nom même de Jérusalem fut voué à l'oubli, et quand cette ville sortit de ses ruines, ce fut sous celui d'*OElia Capitolina*, que lui donna Adrien.

Son enceinte fut aussi changée ; on y enclava la montagne du Calvaire, sur laquelle avait été dressée la Croix de Jésus-Christ ; mais le mont Sion, ce glorieux séjour des rois et des prêtres, abandonné aux ronces et aux épines, demeura à jamais exclus de la ville dont il avait jadis été l'un des plus beaux ornements. Un pourceau fut sculpté sur les portes, en haine et en mépris des Juifs qui eurent défense d'y entrer, sous peine de mort, excepté au seul jour de la foire, et en payant. Les Juifs et les convertis de leur nation ayant donc été forcés d'abandonner Jérusalem ou OElia, son Eglise commença alors à être composée de chrétiens gentils : ceux-ci, qui n'avaient pas la même défense que les Juifs, la repeuplèrent promptement avec les païens grecs, syriens et autres, et elle devint bientôt une place assez importante. Son évêque fut tiré alors aussi des Gentils convertis, et le premier qui succéda à Jude II fut saint Marc, qui gouverna dès le temps de la mort d'Adrien, vers l'année 138 ; il tint le siège d'Œlia pendant environ dix-huit ans.

A compter de cette époque, l'histoire d'Œlia n'offre rien de remarquable jusqu'au règne de Constantin, sinon l'oubli où était tombé parmi les païens le nom de Jérusalem, qui n'était plus connu que des Juifs et des Chrétiens. Cet oubli était tel que du temps de Dioclétien, un martyr ayant dit dans Césarée de Palestine qu'il était de Jérusalem, ni le gouverneur ni aucun de ceux qui étaient présents ne comprirent de quelle ville il voulait parler [1].

Cependant les chrétiens s'y multipliaient comme dans les autres provinces de l'empire romain, et l'on peut juger de leur nombre par l'attention de l'empereur à profaner les saints lieux, par les cruelles persécutions qu'ils eurent à souffrir, et par le nombre infini de martyrs qui scellèrent de leur sang la foi de Jésus-Christ, et de généreux confesseurs dont les prisons et les mines de la Palestine étaient remplies.

En remontant à ces siècles reculés, on voit commencer déjà les pieux pèlerinages à la terre sainte, et saint Jérôme en fait même monter l'origine en-

---

[1] Tillem. hist. des emp. t. ii. p. 124.

core plus haut [1]. « Il serait trop long , dit ce père , de parcourir tous les âges depuis l'Ascension de Notre-Seigneur jusqu'à nos jours , et de dire combien d'hommes éloquents et versés dans les sciences ecclésiastiques sont venus à Jérusalem , comme s'ils se fussent cru moins de religion et moins de savoir, s'ils ne s'étaient prosternés dans les lieux d'où les premiers rayons de l'Evangile s'étaient répandus de la Croix sur toute la terre. »

C'est dans un de ces voyages de piété qu'Alexandre, évêque de Cilicie, étant venu à Jérusalem , après avoir glorieusement confessé le nom de Jésus-Christ au milieu des tourments, fut retenu par les chrétiens de cette ville qui le firent évêque d'Œlia. Alexandre prit soin de cette église conjointement avec Narcisse, l'ancien évêque et quinzième successeur de saint Marc, que son grand âge de cent dix ans mettait hors d'état de remplir ses fonctions. Alexandre fut ainsi le premier exemple d'un coadjuteur donné à un évêque, et ce fut lui qui établit la bibliothèque de Jérusalem qui, dans la suite, devint célèbre. Généreux confesseur en Cilicie, Alexandre fut enfin martyrisé dans la persécution de Dèce, en l'année 249.

Moins d'un siècle après, la religion de Jésus-Christ, devenue déjà celle de presque tout l'univers

[1] Epist. 44.

connu, montait avec Constantin sur le trône des Césars. Devenu maître de tout l'empire romain, Jérusalem et la Palestine devinrent l'objet de ses soins ; sans perdre le nom d'OElia, elle fut également reconnue sous celui que tant d'évènements avaient rendu immortel ; et au concile de Nicée, l'honneur de la préséance sur les autres églises de la Palestine fut conservé à Macaire, qui en était alors évêque.

Les temples consacrés aux idoles tombèrent au signal de la liberté rendue au christianisme, et l'impératrice Hélène, mère du grand Constantin, se mit en chemin, malgré ses quatre-vingts ans, traversa l'Orient, et vint elle-même faire tomber celui de Vénus, dont l'idole souillait encore le tombeau du Rédempteur.

Les décombres en furent enlevés, et l'on aperçut le sépulcre vénérable : là devait se trouver aussi la Croix du Sauveur ; on en découvrit trois : mais de ces trois, personne ne savait quelle était la véritable, lorsque l'évêque Macaire trouva le moyen de s'en éclaircir. Il les fit porter toutes trois chez une dame de qualité, malade depuis long-temps et réduite à la dernière extrémité : on lui appliqua successivement les trois croix, au milieu des prières du clergé et des fidèles, rassemblés autour d'elle, et à peine eut-elle touché la dernière qu'elle se leva entièrement guérie (année 326).

Avec la croix, on trouva aussi le titre que Pilate y avait fait afficher, mais séparé, ainsi que les clous : l'impératrice les envoya à l'empereur avec une portion du bois sacré, laissant la plus grande partie à Jérusalem. Elle la fit enchâsser dans une croix d'argent et la donna à l'évêque, pour la conserver comme le trésor le plus précieux de son église; elle y fut gardée avec soin, et à la fête de Pâques seulement, c'est-à-dire le vendredi saint, on l'exposait chaque année à la vénération des fidèles. Constantin, ravi qu'une si précieuse relique eût été trouvée sous son règne, donna ordre en ce temps-là à l'évêque Macaire et aux grands officiers de la province de rassembler les matériaux les plus précieux et les ouvriers les plus habiles, et bientôt on vit s'élever sur le saint Sépulcre la vaste et superbe église de la Résurrection, où le marbre, les pierres précieuses et l'or, travaillés par les artistes réunis de la Grèce et de Rome, brillaient de toutes parts. Un concile nombreux où assistèrent tous les évêques de l'Asie fut rassemblé pour en célébrer la dédicace, en la trente et unième année du règne de Constantin (année 335), et des milliers de chrétiens, venus de tous les points de l'empire, accoururent en cette solennité pour entendre le panégyrique de Jésus-Christ, prononcé par le savant Eusèbe, évêque de Césarée [1]. De son côté,

[1] Sozomen, liv. ii. ch. 27.

sainte Hélène, avant de retourner à Rome, avait fait construire deux autres églises, l'une sur le mont des Oliviers, et l'autre à Bethléem ; et Jérusalem s'embellit à tel point qu'Eusèbe, dans son [1] panégyrique de Constantin, la comparait à la Jérusalem céleste prédite par les prophètes.

A compter de cette époque, les pieux pèlerinages se multiplièrent à la terre sainte; les pèlerins, n'ayant plus à redouter les cruautés des persécutions païennes, accoururent en foule à Jérusalem, où ils pouvaient sans crainte adorer Jésus-Christ, au milieu des aigles romaines destinées désormais à protéger son tombeau. Sous saint Cyrille, qui occupa le siège de Jérusalem dès l'année 351, et pendant le règne de Constantius, fils de Constantin, une croix lumineuse parut sur la ville, s'étendant depuis le Calvaire jusqu'au mont des Oliviers, dans un espace de près de trois quarts de lieue; ce n'était pas un composé de rayons étendus comme d'une comète, mais un amas de lumière épaisse et éclatante. Ce phénomène qui parut en plein jour, vers neuf heures du matin, devait être suivi dans quelques années d'un autre prodige qui attestera à tous les siècles la grandeur de Jésus-Christ et la vérité de ses prophéties.

Après la mort de Constantius, Julien était de

venu le maître de l'empire. Ce prince apostat était retourné aux superstitions païennes des empereurs précédents, et dans l'excès de son orgueil et de sa haine pour le christianisme, il avait espéré, par un nouveau genre de persécution, de bannir le nom du Christ de la terre. Dans cette vue, il favorisa ouvertement ses ennemis, parmi lesquels on pouvait compter comme des plus acharnés les Juifs qui l'avaient crucifié.

Il leur permit de rentrer dans Jérusalem, leur promettant de rebâtir leur temple; ce qu'ils acceptèrent avec une grande joie, croyant enfin avoir trouvé l'occasion de leur rétablissement. Ce n'était pas là le but de Julien : il voulait démentir les prophéties, d'abord celles de Daniel qui annoncent que la désolation durera jusqu'à la fin, ensuite celles de Jésus-Christ qu'il n'y demeurerait pas pierre sur pierre. Il n'épargna rien pour ces travaux, et les Juifs accoururent de toutes parts à Jérusalem, insultant avec la dernière insolence aux Chrétiens, comme si le temps était venu où leur empire devait être rétabli. Saint Cyrille, évêque de Jérusalem, revenu de l'exil où les Ariens l'avaient fait envoyer sous Constantius, voyait tranquillement tous ces préparatifs, se confiant en la vérité infaillible des prophéties, et assurant à tout le monde qu'on ne tarderait pas à en voir l'accomplissement. (An 363).

Comme on travaillait aux fondements, une pierre du premier rang se déplaça et découvrit l'ouverture d'une caverne creusée dans le roc. On y descendit un ouvrier attaché à une corde, et quand il fut dans la caverne, il sentit de l'eau jusqu'à mi-jambe. Il porta la main de tous côtés, et, sur une colonne qui s'élevait un peu au-dessus de l'eau, il trouva un livre enveloppé d'un linge très-fin : il le prit et fit signe qu'on le retirât. Tous ceux qui virent ce livre furent surpris qu'il n'eût point été gâté. Mais leur étonnement redoubla, particulièrement celui des Juifs et des païens, quand, l'ayant ouvert, ils y lurent d'abord en grandes lettres ces paroles : « Au commencement était le Verbe, et le Verbe était en Dieu », et le reste, car c'était l'Evangile de saint Jean tout entier, et celui précisément qui manifeste le plus clairement la divinité de Jésus-Christ.

Cependant Alypius, intendant des travaux, de concert avec le gouverneur de la province, pressait vivement l'ouvrage ; alors des globes de feu terribles, sortant des fondements s'élancèrent de toutes parts, brûlèrent les ouvriers et rendirent bientôt ce lieu inaccessible. Ce fut pendant la nuit que ce prodige arriva pour la première fois ; le jour suivant on devait commencer à poser les nouvelles fondations. Un grand tremblement de terre se fit sentir, qui jeta au loin de tous côtés les pierres des fondements , et renversa entr'autres bâtiments les galeries publiques , où s'étaient logés un grand nombre de Juifs destinés à ce travail ; tous ceux qui s'y trouvèrent furent ensevelis sous les décombres ou estropiés pour toujours.

Alors des tourbillons de vent emportèrent tout-à-coup le sable, la chaux et les autres matériaux dont on avait fait d'immenses provisions. Le feu consuma même tous les outils et les instruments de fer et de cuivre qui se trouvaient dans un bâtiment situé au bas de la montagne du Temple. Au point du jour, les Juifs étant accourus pour voir les désastres de la nuit, il sortit de ce bâtiment un torrent de feu qui s'étendit jusqu'au milieu de la place, embrasant comme la lave d'un volcan les Juifs qu'il entraînait dans sa course. Ces éruptions de feu continuèrent ainsi plusieurs jours de suite, sans que les Juifs, pressés par les ordres de l'empereur et par leur propre inclination , se décidassent à abandonner leurs travaux ; mais toujours repoussés par le même feu, ils laissèrent enfin cette entreprise si glorieusement tournée à l'honneur du christianisme [1]. Il n'est point de

___

[1] Le docteur anglais Warburton a fait une dissertation curieuse sur ces prodiges ; ce qu'il y a de plus remarquable, c'est qu'ils sont rapportés par deux historiens juifs qui en cherchent vainement la cause, et par Ammien-Marcellin, historien païen et le plus grand admirateur de Julien , qui ne peut dissimuler l'étonnement qu'excitèrent ces prodiges.

miracle mieux attesté que celui-ci ; aussi fut-il la cause de plus d'une conversion parmi les Juifs et les païens, qui en furent touchés, et qui, reconnaissant la divinité de Jésus-Christ, s'empressèrent de demander le baptême.

La persécution de Julien, la menace qu'il exhala contre Jérusalem, en partant pour la guerre contre les Perses, où il fut tué, jointes à tous les prodiges qu'on y avait vus si récemment, ne firent qu'enflammer davantage les Chrétiens à visiter les saints lieux. Après sa mort, Mélanie, dame romaine, célèbre par sa piété, Paula [1], de l'illustre famille des Gracques, Eustochium, sa fille, Pinien et la jeune Mélanie, sa femme, amis de saint Augustin, y vécurent dans la solitude ainsi que saint Jérôme, et le monastère de Bethléem, fondé par Paula, devint un asile pour les plus nobles familles de Rome, chassées de leur patrie, saccagée par les barbares.

Les pèlerinages se multiplièrent dès lors tellement, que plusieurs grands saints et docteurs de l'Eglise crurent devoir en signaler les abus et les dangers. Aussi saint Grégoire de Nysse, dans une lettre qui a pour titre, Des voyageurs à Jérusalem, s'efforce-t-il de prévenir ses compatriotes contre la multiplicité de ces pèlerinages ; il s'élève avec

____

[1] Saint Jérôme, lettre xxii.

amertume contre les mœurs des habitants de Jérusalem qui se rendent coupables des plus grands
crimes, quoiqu'ils aient sous les yeux le Calvaire
et tous les lieux visités par les pèlerins. Saint
Jérôme, écrivant à Paulin [1], se plaint à peu près
de la même manière, en lui disant qu'il peut
vivre d'une manière bien digne et bien sainte, et
cependant se passer de voir Jérusalem, dont il
nous trace à ce sujet un tableau remarquable.

« Si les lieux, dit-il, que Jésus-Christ a sanc-
tifiés par sa mort et par sa résurrection, n'étaient
pas dans une ville très-célèbre qui a, comme toutes
les autres grandes villes, son barreau, sa cour,
sa garnison, ses comédiens et ses bateleurs, on
engagerait tous les solitaires à s'y établir. » Et
plus loin : « On vient à Jérusalem de toutes les
parties du monde ; cette ville est remplie de toutes
sortes de gens, et l'on y voit une si grande foule
d'hommes et de femmes, qu'on est contraint d'y
souffrir tout à la fois la vue de mille objets qu'on
avait eu soin d'éviter et qu'on ne rencontre ailleurs
qu'en partie. » C'est ainsi que ce grand homme
parlait de Jérusalem en l'année 395 ; mais ni ses
exhortations, ni celles de tant d'autres saints écrivains, ne purent arrêter l'enthousiasme qui entraînait plus que jamais les Chrétiens, et rien

[1] Lettre xvii.

ne pouvait les empêcher de venir adorer le Rédempteur aux lieux mêmes où, selon l'expression de saint Jérôme, la lumière de l'Evangile avait commencé à briller du haut de la Croix.

Ce fut durant l'épiscopat de l'évêque Jean ii, qu'un prêtre nommé Lucien, du bourg de Caphar-Gamala, ayant découvert par une vision prophétique les reliques du premier martyr saint Etienne, en fit part à l'évêque qui vint les chercher processionnellement avec son clergé pour les porter à Jérusalem. Elles furent déposées dans l'église du mont Sion, où le saint martyr avait été ordonné diacre par les apôtres ; c'était la plus ancienne de Jérusalem [1], quoiqu'alors elle fût hors de l'enceinte de la ville bâtie par Adrien. Il se fit un grand nombre de miracles à son tombeau, et à l'heure même où il fut déposé solennellement dans l'église, il tomba une grande pluie qui fit cesser la sécheresse extrême dont le pays était alors désolé. (An de l'ère chrét. 415.)

Quelques années après, l'impératrice Eudoxie, épouse de Théodose ii, imitant la piété de sainte Hélène, vint en pèlerinage à Jérusalem, après avoir traversé tout l'Orient, qu'elle étonna par son esprit et sa piété, digne en tout de la magnificence impériale. Bientôt après, désabusée des pompes

---

[1] Tillem. t. ii. p. 6

de la cour, et sentant le néant des grandeurs humaines qui ne lui avaient donné que des inquiétudes et du chagrin, elle revint se fixer à Jérusalem, où elle bâtit à grands frais une magnifique église pour y déposer les reliques de saint Etienne, au lieu même où il avait reçu la couronne du martyre, et où plus tard cette princesse se fit inhumer elle-même; par ses libéralités, la ville fut embellie, et l'on en reconstruisit les murailles ruinées. Le palais épiscopal fut rebâti, des monastères et des laures construits et dotés, des fondations nombreuses faites en plusieurs endroits de la terre sainte. Sa piété, dévotion tendre et facile à alarmer, se laissa toutefois surprendre aux artifices de Théodose, moine alexandrin du parti de l'hérésiarque Eutichès. Prévenant le retour de l'évêque Juvénal, qui avait été assister au concile de Chalcédoine, il publia mille calomnies contre ce prélat, dont il usurpa ensuite le siège. Juvénal prit la fuite pour ne pas être assassiné par ce moine hérétique. Aussitôt Théodose, s'étant fait sacrer par ses partisans, s'empara de l'église de Jérusalem, ordonna des diacres, des prêtres et des évêques, fit massacrer ceux qui lui résistaient, exerçant les plus horribles violences pour forcer les catholiques à se joindre à l'hérésie. (An 451.)

Dorothée, gouverneur de Palestine, accourut à Jérusalem avec ses troupes. Mais les hérétiques partisans de l'évêque intrus, réunis aux gens d'Eudoxie, lui fermèrent les portes, et ne lui en permirent l'entrée qu'à la condition de se ranger dans leur parti. L'impératrice Pulchérie écrivit ainsi que l'empereur Marcien à ces séditieux, pour leur reprocher leurs excès, leur promettant toutefois le pardon, s'ils revenaient de leur égarement. Mais Théodose était plus redouté dans la Palestine que l'empereur ; et sa tyrannie subsista pendant deux ans, jusqu'à ce qu'enfin Dorothée ayant reçu l'ordre formel de l'arrêter, il s'enfuit au mont Sinaï, pour échapper au supplice qu'il avait mérité. Les plus coupables de ses sectateurs furent punis, Juvénal rentra dans son siège, et Eudoxie, ramenée par les exhortations de saint Sabas, reconnut sincèrement son erreur, et acheva ses jours dans les exercices de la piété et de la pénitence.

Quelques années après (an 534), l'Afrique envahie par les Vandales fut reconquise par Bélisaire, général de l'empereur Justinien. Les vases du Temple de Salomon, enlevés par Titus et que ces barbares avaient transportés de Rome à Carthage, furent alors portés en triomphe à Constantinople, d'où l'empereur les fit bientôt reporter à Jérusalem, où ils ajoutèrent à la splendeur de la basilique de la Résurrection, dont les richesses, au récit des auteurs contemporains, étaient au-dessus de toute description.

Après avoir joui d'une paix rarement interrompue depuis trois cents ans, Jérusalem devait voir de nouveaux ennemis insulter à Jésus-Christ et à son tombeau glorieux.

La cinquième année du règne de l'empereur Héraclius, les Perses, qui, sous les empereurs précédents, avaient tant de fois ravagé les provinces romaines, entrèrent dans la Palestine, sous les ordres de Sarbar, général du roi Khosrou-Shah ou Cosroès, et la dévastèrent comme un torrent.

Au mois de juin de la même année, Sarbar marcha sur Jérusalem ; il y entra sans coup férir, car toutes les garnisons avaient abandonné leurs villes, et la terreur générale n'opposait aucune résistance. Les habitants, hommes, femmes, enfants, furent chargés de fers, pour être traînés au delà du Tigre. Les Juifs que Sarbar épargnait, triomphants du désastre des Chrétiens leurs compatriotes, et possédés d'une rage de sang, rachetaient tous ceux dont ils pouvaient payer la rançon, pour se donner le cruel plaisir de leur ôter la vie. Plus de quatre-vingt mille de ces infortunés furent, dit-on, ainsi massacrés.

Le patriarche Zacharie, évêque de Jérusalem, fut emmené prisonnier ; mais la perte la plus sensible pour les Chrétiens fut celle de la vraie Croix, que chacun aurait voulu racheter au prix de sa propre vie. Sarbar l'emporta dans un étui scellé au sceau de l'évêque, tandis que le saint sépulcre et les autres églises devenaient la proie des flammes. Les Perses enlevèrent les vases sacrés de Salomon qui furent une seconde fois transportés dans leur pays, et toutes les autres richesses que la piété des fidèles avait accumulées dans ces saints lieux. L'éponge qui avait été présentée à Jésus-Christ sur la croix et la lance dont son côté avait été percé, retirées des mains d'un officier perse, au prix d'une somme énorme, fut portée à Constantinople, où elles furent exposées durant quatre jours à la piété des fidèles (an 615).

Dès que les Perses qui faisaient la guerre en brigands, sans garder leurs conquêtes, se furent retirés, les habitants, qui avaient pu se soustraire par la fuite aux Perses et à la barbarie des Juifs, revinrent dans la sainte cité. Modeste, abbé du monastère de saint Théodose, prit le gouvernement de l'Eglise, en l'absence de Zacharie, et travailla aussitôt avec les secours considérables que lui envoya saint Jean l'aumônier, patriarche d'Alexandrie, à rétablir les saints lieux, qui, pendant l'espace de quatorze ans, demeurèrent comme veufs, en l'absence de la croix du Sauveur.

Enfin, Dieu touché des larmes des Chrétiens, bénit les armes d'Héraclius, qui, après dix années de revers, triompha des ennemis du christianisme et de l'empire, et ramena à Jérusalem les chrétiens dont il avait brisé les fers. Il se fit un honneur de venir en personne rapporter au saint sépulcre le bois de la vraie Croix, et le monde contempla pour la première fois avec admiration un empereur d'Orient, marchant les pieds nus dans la sainte cité, et portant sur ses épaules, jusqu'au sommet du Calvaire, la relique vénérable qu'il regardait avec raison comme le plus glorieux trophée de ses victoires.

Cette imposante cérémonie fut une fête solennelle pour le peuple de Jérusalem et pour toute l'Eglise qui en célèbre encore chaque année la mémoire le 14 septembre, sous le nom d'Exaltation de la sainte Croix. Pour rendre plus sensible le triomphe de la Croix, l'empereur chassa tous les Juifs de la ville et leur défendit de s'en approcher de plus près que d'une lieue (an 629).

La joie des Chrétiens ne fut pas de longue durée. La Judée, dévastée par les incursions des Perses, commençait à réparer à peine ses pertes, lorsque les Sarrasins ou Arabes musulmans, sectateurs de Mahomet, formèrent le projet de s'en rendre maîtres. Répandus comme un torrent dans la Syrie, dont ils venaient de s'emparer sur Héraclius que ce malheur ne put arracher à sa mollesse, la Palestine apparaissait à ces guerriers fanatiques une conquête digne d'être ajoutée à la précédente.

Sa fertilité qu'ils avaient pu reconnaître dans les courses qu'ils y avaient déjà faites sous Aboubècre, successeur de Mahomet, son heureuse situation entre la Syrie et l'Egypte, dont elle devait leur ouvrir l'entrée, leur religion même qui leur rendait respectables et chers les lieux d'où ils imaginaient que leur prétendu prophète avait été transporté au ciel, et où s'étaient opérées des merveilles [1], qu'ils regardaient comme ne leur étant pas étrangères ; tous ces motifs les invitaient à tenter l'entreprise, et la retraite d'Héraclius leur en facilitait le succès.

Abou-Obeïda, l'un des généraux du calife Omar, successeur d'Aboubècre, reçut donc l'ordre d'aller assiéger Jérusalem. Ce siège fut poussé avec tant de vigueur, que les habitants, après s'être défendu durant quatre mois avec la plus grande constance, n'ayant aucun secours à espérer, furent forcés de capituler. Le pieux et savant Sophrone, qui était alors patriarche, ayant paru sur la muraille, demanda à parler au général musulman, et lui dit par la bouche d'un interprète : « Que Jérusalem était la cité sainte, et que quiconque entrait en ennemi sur son territoire, consacré par les pas du Fils de Dieu, s'attirait la colère du Ciel.

---

[1] Abulfeda, de vitâ et reb. gest. Muham, p. 32. Okley, hist. of the Sarracens, t. i. p. 243.

» — Nous le savons, répondit le général, et c'est parce que Jérusalem est le berceau et le tombeau des prophètes qu'elle nous est chère et que nous l'assiégerons jusqu'à ce que Dieu nous l'ait mise entre les mains. »

Sophrone alors consentit à capituler, pourvu que ce fût avec le calife en personne. Omar, informé de cette convention, se rendit à la demande du patriarche, qui en obtint des conditions aussi favorables qu'on pouvait raisonnablement en espérer de tels ennemis et dans de si tristes circonstances.

Les assiégés se soumettaient au calife et s'engageaient à lui payer tribut. Omar, de son côté, leur promit, *au nom du Dieu clément et miséricordieux*, le libre exercice de leur religion, et une entière sûreté pour leurs personnes, leurs biens et leurs églises, et de cette sorte on continua à voir arriver à Jérusalem des pèlerins de toutes les contrées chrétiennes de l'univers. Ce fut ainsi qu'au mois de mai 637, la ville sainte tomba entre les mains des plus mortels ennemis du christianisme, qui en sont toujours demeurés les maîtres, excepté dans l'intervalle d'environ quatre-vingt-dix ans, qu'elle fut possédée par les Chrétiens, au temps des croisades.

Le traité conclu, les habitants ouvrirent leurs portes, et le calife entra seul avec les gens de sa

suite; il était accompagné du patriarche qui s'était
avancé pour le recevoir. Ils allèrent aussitôt à
l'église de la Résurrection, et Omar s'assit au
milieu, en admirant sa magnificence. Sophrone
ne put s'empêcher de dire en langue grecque aux
chrétiens qui l'accompagnaient, que c'était là vé-
ritablement l'abomination de la désolation qui
devait s'établir dans le lieu saint, selon la prophétie de Daniel, et il versa des larmes en abondance. Après les avoir essuyées, il s'approcha
d'Omar, qui était vêtu d'une étoffe grossière de
poil de chameau, et l'heure de la prière des
musulmans étant venue, le calife demanda au
patriarche une place où il pût s'acquitter de ce
devoir indispensable. Sophrone lui dit de la faire
où il était, mais le calife refusa.

Il le conduisit alors à la basilique de Constantin,
et fit étendre une natte pour lui ; mais il ne voulut pas non plus prier en cet endroit, et se retira
seul sur les degrés du portique oriental de cette
église, où il se mit à genoux et fit sa prière. Lorsqu'il eut terminé : « Vous ignorez sans doute, dit-
il au patriarche, pour quelle raison j'ai refusé de
prier Dieu dans une église chrétienne : c'est par
égard pour vous ; car les Musulmans s'en seraient
saisis aussitôt, et rien n'aurait pu les empêcher de
prier eux-mêmes dans une église où le calife aurait prié. »

Il demanda ensuite au patriarche en quel endroit il pourrait bâtir une mosquée? Le saint évêque lui montra la place où avait subsisté autrefois le temple de Salomon, et où, sous un monceau de débris et de décombres, se trouvait, d'après l'opinion populaire, la pierre sur laquelle Jacob s'était endormi, lorsqu'il eut la vision de l'échelle mystérieuse. Les Musulmans travaillèrent aussitôt à mettre cette pierre à découvert et à bâtir la mosquée. Le bâtiment commençait à s'élever, lorsqu'il s'écroula tout-à-coup. Les Juifs, plus ennemis des Chrétiens que les Musulmans mêmes, persuadèrent au calife que cet édifice ne pourrait subsister tant qu'il y aurait une croix élevée sur le mont des Olives ; le sultan la fit aussitôt abattre ; et, à cette occasion, toutes les croix furent détruites. Omar acheva ensuite la construction de la mosquée superbe qui porte son nom, et qui est encore aujourd'hui le temple le plus révéré des Musulmans, après ceux de la Mecque et de Médine.

Tant de profanations dans la sainte cité la remplirent de deuil ; un morne silence régnait dans les églises et dans tous les lieux, où si long-temps avaient retenti les hymnes des Chrétiens. La pompe des cérémonies et la cloche, dont le son appelait auparavant les fidèles à la prière, furent interdites; la religion devint semblable à une veuve désolée. Le patriarche Sophrone, accablé de tant de maux, n'en put supporter le poids: il mourut de douleur, en déplorant la profanation et la captivité de la ville sainte, et pour comble de malheur, les successeurs qui lui furent donnés par les Musulmans, en occupant son siège, n'eurent ni la foi ni la pureté des mœurs qui recommandaient si hautement ce saint évêque : ce qui fit que pendant soixante ans ils ne furent point reconnus pour légitimes par l'Eglise romaine, qui nomma des vicaires de l'église de Jérusalem, considérant le siège comme vacant.

Après avoir régné dix ans, dont il avait passé la plus grande partie à Jérusalem, Omar fut assassiné par un de ses esclaves, persan de nation, comme il priait dans la mosquée qu'il avait bâtie. Les fidèles qui avaient eu à se louer de sa modération, eurent beaucoup à souffrir après sa mort du fanatisme jaloux des musulmans; ils furent chassés de leurs maisons, insultés dans les églises; on augmenta le tribut qu'ils devaient payer à leurs nouveaux maîtres, et on ne leur permit ni de porter des armes, ni de monter à cheval.

Une ceinture de cuir, qu'ils ne pouvaient jamais quitter, était la marque de leur servitude; on alla même jusqu'à leur défendre l'usage de la langue arabe, réservée aux seuls enfants de Mahomet, et jamais à l'avenir le peuple fidèle n'eut la liberté de choisir ses pasteurs sans l'intervention des Sarrasins[1]. Tant de persécutions n'arrêtèrent jamais cependant les pèlerins qui continuèrent à se rendre à Jérusalem : la vue de la ville sainte soutenait leur courage en enflammant leur dévotion; il n'était point de maux, point d'outrages qu'ils ne supportassent avec résignation, en se souvenant que Jésus-Christ avait été chargé de fers et qu'il était mort sur la Croix dans les lieux qu'ils allaient visiter.

Saint Arculphe, évêque français, qui vivait à la fin du septième siècle, raconte lui-même le pèlerinage qu'il entreprit à Jérusalem[2], dont il fait la description : « C'était alors, dit-il, une assez grande ville, entourée d'une enceinte de bons murs, flanqués de vingt-quatre tours; il y avait beaucoup de belles maisons particulières et d'autres édifices bâtis en pierre de taille, et plusieurs grandes et magnifiques églises, celle du Saint-Sépulcre, de forme ronde, celle de Sainte-Marie, qui était carrée, une très-grande sur le mont Sion, etc; cette ville n'était pas sans commerce, et le 15 septembre, il s'y tenait une foire sur le mont Calvaire, à laquelle se rendaient un grand nombre de pèlerins et de marchands de toutes les nations. »

Dans cette foire se trouvaient des chameaux, des ânes, et plusieurs autres animaux, qui, séjournant pendant la durée de la foire, remplissaient la ville

[1] Oriens christianus, p. 280-290.
[2] Apud. ven. Bed. de locis sanctis, ch. 6.

d'immondices : « Mais, s'écrie-t-il, le lendemain toutes ces impuretés avaient disparu. » Bientôt il explique la cause de ce phénomène : « Jérusalem, dit-il, commence au sommet septentrionale du mont Sion, et la pente se prolonge jusqu'à la partie des murs du côté de l'orient et du nord, de telle sorte que les eaux des pluies abondantes ne peuvent séjourner, ni dans les rues, ni dans les places : elles se précipitent comme un fleuve rapide des endroits les plus élevés, emportant avec elles toutes les immondices de la ville ; et traversant ensuite la vallée de Josaphat, elles vont grossir le torrent de Cédron. » En parcourant les environs de Jérusalem, Arculphe vit plusieurs autres églises dans la vallée de Josaphat, à Béthanie, à Gethsémani, etc., une entr'autres fort belle, sur la montagne des Oliviers, dont les lampes multipliées formaient pendant la nuit une agréable illumination.

Au milieu des guerres civiles qui déchirèrent les musulmans durant la plus grande partie du huitième siècle, les chrétiens de la Palestine eurent quelques intervalles de sécurité. Si la cité sainte resta dans la servitude, une tyrannie jalouse respecta du moins l'asile de la prière et les chaires de l'Evangile. La dynastie des califes ommiades, qui avait établi à Damas le siège de l'empire de Mahomet, était odieuse au parti toujours redoutable des Alides, qu'elle avait vaincu, mais non détruit. Elle songea moins à persécuter le christianisme qu'à conserver sa puissance toujours menacée. Mérouan ii, dernier souverain de cette famille, fut celui qui montra le plus d'intolérance pour ses sujets chrétiens ; et lorsqu'il eut succombé sous les coups de ses ennemis, les membres de toutes les religions se réunirent dans un accord commun, pour remercier le Ciel d'en avoir délivré l'Orient.

Les califes abassides établis dans la ville de Bagdad, que le célèbre Abou-Jaaffar (Almanzor) avait fondée sur le Tigre, éprouvèrent plusieurs révolutions, qui toujours portèrent le trouble et la terreur parmi les chrétiens. Au milieu des changements qu'amenaient sans cesse les caprices de la fortune ou ceux du despotisme, le peuple de Jésus-Christ, selon Guillaume de Tyr[1], était comme un malade dont les douleurs s'apaisent ou s'augmentent, suivant que le ciel est serein ou chargé d'un nuage ; Haroun-al-Reschid, qui occupa le trône de Mahomet vers la fin du huitième siècle, adoucit cependant leur sort à la considération de Charlemagne, dont la gloire, étendue jusqu'en Asie, protégea les églises de l'Orient. Des députés du patriarche Thomas et des chrétiens furent envoyés à Charles, et le supplièrent de leur accorder sa protection au-

---

[1] Liv. i. ch. 3.

près du calife, dont il connaissait la haute estime pour ce prince. Le magnanime empereur des Francs les reçut avec bonté, et, à leur départ, il les fit accompagner par plusieurs religieux chargés de ses largesses pour le patriarche, et d'aumônes pour les chrétiens indigents.

Ces religieux allèrent trouver ensuite le calife, auquel ils étaient chargés d'offrir les riches présents que lui envoyait Charles, et de recommander les chrétiens. Haroun, qui n'était pas d'un caractère à se laisser vaincre en générosité, joignit aux magnifiques présents qu'il lui renvoya, les clefs et la bannière du Saint-Sépulcre, dont il lui faisait une cession authentique.

Les pèlerins d'Occident, qui arrivaient alors sans danger à Jérusalem, étaient reçus dans un hospice dont la fondation était attribuée à Charlemagne, qui, au rapport du moine Bernard, l'avait construit près de l'église de Sainte-Marie, où l'on voyait de son temps une belle bibliothèque donnée par ce prince[1], et toujours ouverte aux pèlerins et aux voyageurs. Vers le milieu du neuvième siècle, l'hospice des pèlerins de l'église latine était composé de douze maisons ou hôtelleries, auxquelles étaient attachés des champs, des vignes et un jardin, situé dans la vallée de Josaphat.

---

[1] Enard, in vitâ à Car. mag.

Le calife Haroun traita dès lors les chrétiens comme ses propres sujets ; les enfants de ce prince imitèrent sa modération, et les élevèrent plus d'une fois aux emplois les plus considérables, à cause de leurs lumières et de leur savoir ; déjà les fidèles de la Palestine et des provinces musulmanes, les pèlerins et les voyageurs qui venaient d'Europe, semblaient n'avoir plus de persécutions à redouter, lorsque de nouveaux orages éclatèrent tout-à-coup sur l'Orient. Les califes de Bagdad, enivrés par le luxe et corrompus par une longue prospérité, abandonnèrent le soin de l'empire, pour ne s'occuper que de leurs plaisirs ; divers usurpateurs envahirent ses provinces ; bientôt les enfants d'Haroun-al-Reschid eurent le sort de la postérité de Charlemagne, et l'Asie, comme l'Occident, fut plongée dans l'abîme des révolutions, et entraînée dans toutes les horreurs des guerres civiles.

Ce fut durant ces troubles, que le patriarche de Jérusalem, Elie III, écrivit au roi de France Charles le Gros, aux seigneurs et dames de sa cour, et à tous les prélats français. Il leur demandait des secours pour le rétablissement des églises de la Palestine, et le recouvrement des vases sacrés qu'il avait été obligé d'engager pour les réparations les plus urgentes. Elie leur rappelait l'état déplorable des chrétiens du pays : « Nous ne vous ferons point, dit-il, le détail de nos maux, ils vous sont connus par ce que vous en racontent tous les jours ceux qui, après avoir visité les saints lieux, retournent auprès de vous. »

Les Grecs, qui si long-temps avaient laissé les Sarrasins s'emparer de leurs plus belles provinces, parurent alors se réveiller de leur long assoupissement, et cherchèrent à profiter des divisions et de l'abaisement des Musulmans. Nicéphore-Phocas se mit en campagne avec une puissante armée et reconquit rapidement presque toute la Syrie. Les Sarrasins ne purent voir sans une profonde douleur les succès de Nicéphore; et tandis qu'on célébrait ses triomphes à Constantinople, ils persécutaient vivement les chrétiens de la Palestine, qu'ils accusaient de leurs malheurs. Le patriarche de Jérusalem Jean vi, soupçonné alors d'entretenir des intelligences avec les Grecs, expira sur un bûcher, et le Saint-Sépulcre, avec d'autres églises de la ville sainte, fut livré aux flammes. (An 968.)

La mort de Nicéphore, qui fut assassiné peu après, n'arrêta pas le cours des conquêtes des Grecs : son successeur, Jean Zimiscès, les continua avec non moins de succès; il soumit promptement toute la Judée, et dans une lettre qu'il écrivit au roi d'Arménie, il regrettait que les évènements de la guerre ne lui eussent pas permis de visiter la ville sainte [1], qui venait d'être délivrée du joug des infi-

---

[1] Michaud, hist. des crois. liv. i.

dèles, et dans laquelle il avait envoyé une garnison chrétienne.

Zimiscès se proposait d'enlever par de nouvelles victoires toutes les provinces de la Syrie et de l'Egypte, sur les Musulmans, lorsqu'il mourut empoisonné. Cette mort arrêta les défaites de l'islamisme, qui reprit bientôt partout son empire. Les Grecs retombèrent dans leur indolence. Les Fatimites, prétendus descendants de la fille de Mahomet, après avoir assis une nouvelle domination en Egypte sur la ruine de celle des Abassides, en profitèrent pour envahir la Syrie, dont ils soumirent plusieurs places. En même temps, Ortok, turc de naissance, s'empara de Jérusalem, dont les émirs seljoucides d'Aleph lui avaient donné l'investiture : il y régna quelque temps, et ses enfants s'y maintinrent jusqu'au califat de Mostali, calife d'Egypte. Les troupes de ce prince assiégèrent la place, et l'ayant prise, en chassèrent les Ortokides. Ivres de leur victoires, ils en abusèrent surtout contre les Chrétiens, qui furent traités avec une extrême rigueur.

Aziz, second calife fatimite, les traita cependant avec plus de bonté, en considération de Marie, chrétienne melchite ou catholique qu'il avait épousée. Elle avait deux frères; Aziz fit l'un patriarche d'Alexandrie, et l'autre, nommé Oreste, patriarche de Jérusalem. Dans l'espoir aussi d'accroître ses trésors et de réparer les maux de la guerre, il favorisa le commerce des Européens et les pèlerinages dans les saints lieux. Il rétablit les marchés des Francs dans Jérusalem, permit aux Chrétiens de rebâtir leurs églises, et les hospices des pèlerins qui tombaient en ruines. Dans l'espoir de voir finir ses maux, le peuple fidèle se consolait d'avoir changé de maîtres, et d'être soumis aux califes du Caire, lorsque Hakem, fils d'Aziz et de Marie, monta sur le trône d'Egypte.

Quoique fils d'une chrétienne, il n'en persécuta pas moins les Chrétiens avec le dernier fanatisme. Leur sang coula dans toutes les villes de l'Egypte et de la Syrie; et leur courage, au milieu des plus cruels tourments, ne faisait qu'ajouter à la fureur de leurs bourreaux. Les plaintes qui leur échappaient dans leur misère, les prières même qu'ils adressaient à Jésus-Christ, pour obtenir la fin de leurs tourments, étaient regardés comme une révolte, et punis comme le plus coupable des attentats.

Parmi les épisodes touchants que Guillaume de Tyr[1], rapporte de cette persécution, il en est un que nous ne pouvons passer sous silence dans cet ouvrage. Un des ennemis les plus acharnés des Chrétiens imagina, pour irriter plus vivement la haine des persécuteurs, de jeter, pendant la nuit,

---

[1] Livre i.

un chien mort dans une des principales mosquées de la ville. Les premiers musulmans, qui vinrent à la prière du matin, furent saisis d'horreur à la vue d'une telle profanation : bientôt des clameurs menaçantes retentissent dans toute la ville; la foule s'assemble en tumulte autour de la mosquée; on accuse les chrétiens, et c'est dans leur sang qu'on jure de venger l'outrage fait à Mahomet.

Tous les fidèles allaient être immolés à la vengeance des musulmans; déjà ils se préparaient à la mort, lorsqu'un jeune homme, dont l'histoire ne nous a pas conservé le nom, se présente au milieu de ses frères : « Le plus grand malheur qui puisse arriver, leur dit-il, est que l'église de Jérusalem périsse. L'exemple du Sauveur nous apprend qu'un seul doit s'immoler au salut de tous; promettez-moi de prier tous les ans pour moi, et j'irai, avec l'aide de Dieu, détourner la mort qui menace tout le peuple fidèle. » Les Chrétiens agréèrent le généreux sacrifice de ce martyr de la charité. Quittant aussitôt l'assemblée qui fondait en larmes, il alla trouver les juges musulmans, et assuma sur lui seul le crime que l'on imputait à tous les chrétiens. Peu touchés de son dévouement, les juges détournèrent le glaive suspendu sur la tête de ses concitoyens, et immolèrent le généreux jeune homme. (An 996.)

D'autres malheurs attendaient encore les Chrétiens de la Palestine ; par ordre du tyran, toutes les cérémonies de la religion furent interdites ; la plupart des églises furent converties en étables, et celle du Saint-Sépulcre fut renversée de fond en comble. Les Chrétiens, chassés de Jérusalem, furent dispersés dans toutes les parties de l'Orient. Hakem, qui était venu à Jérusalem, n'épargna pas même son oncle, le patriarche Oreste, auquel il fit crever les yeux, et qui souffrit ensuite courageusement la mort.

Les vieux historiens racontent [1] que la nature partagea le deuil de la ville sainte, et que le monde fut saisi de trouble et d'effroi. L'hiver avec tous ses frimas se fit sentir en des lieux où il était inconnu ; le Bosphore se couvrit de glaçons, et des tremblements de terre, qui renversèrent plusieurs grandes villes [2], épouvantèrent pendant deux mois toute la Syrie et l'Asie-Mineure.

Les Juifs, jaloux de l'affluence des pèlerins de tout rang et de toute nation, qui se rendaient toujours à Jérusalem, avaient signalé leur haine dans cette persécution. On s'en vengea dans l'Occident, où la nouvelle de la destruction des saints lieux arracha des larmes à tous les Chrétiens. Les Juifs furent poursuivis à leur tour. L'esprit des croisades qu'une piété guerrière formait peu à peu

[1] Liv. i.

[2] Lebeau, Hist. du Bas-Emp. liv. lxxvi.

commençait déjà à soulever toute l'Europe, et
le concours immense de pèlerins qui se rendaient
dès cette époque à Jérusalem, par troupes de plusieurs milliers de personnes, commandées par des
seigneurs, des comtes, des barons et des princes,
portait la terreur dans l'âme des Musulmans, déjà
alarmés par de sinistrés prédictions, et par les
imprudentes menaces des Chrétiens.

Après la mort d'Hakem, en 1021, Daher, son
fils, jeune prince d'un esprit doux et sage, renouvela les traités faits avec les empereurs grecs, et
traita les Chrétiens avec bonté. Il leur permit de
rebâtir l'église de la Résurrection, qui sortit de
ses ruines trente-sept ans après sa destruction,
grace aux soins de Marie, aïeule du jeune calife,
et à la générosité de l'empereur de Constantinople, dont les chrétiens de Jérusalem avaient im-
ploré la charité. Cependant cette ville infortunée
n'était pas encore au terme de ses malheurs. Objet
de l'ambition des deux califes de Bagdad et du
Caire, elle était un sujet perpétuel de guerre entre
les deux monarchies musulmanes.

Après avoir été plusieurs fois prise et reprise,
elle n'était plus environnée que de ruines, au lieu
des tours et des murailles qui l'avaient rendue,
après Antioche, la plus forte place de la Syrie,
Daher, calife d'Egypte, ayant poussé ses conquêtes
jusqu'à Laodicée, obligea par un édit tous les

habitants de la Syrie de réparer leurs murs et de relever leurs tours (an 1062).

Pour obéir à cet ordre, le gouverneur de Jérusalem imposa une taxe sur les citoyens; et les Chrétiens, qui étaient en grand nombre, furent chargés de fournir le quart de la dépense. Il s'en fallait bien que leurs moyens fussent en proportion de leur nombre. Accablés par les infidèles qui les pillaient sans cesse, et dont ils ne pouvaient obtenir justice, ils étaient presque tous réduits à l'indigence. Les représentations qu'ils firent au gouverneur furent inutiles; l'impitoyable musulman leur répondit qu'il fallait payer ou mourir.

Dans cette extrémité, ils implorèrent l'assistance de l'empereur Constantin Ducas. Ce prince, touché de leurs larmes, consentit à leur fournir la somme exigée, pourvu que le calife leur permît que le quartier dont ils auraient relevé les murs, ne fût désormais habité que par des Chrétiens; qu'ils y eussent le libre exercice de leur religion, et qu'ils ne fussent soumis qu'à la juridiction du patriarche. Le calife leur accorda tout, excepté l'exemption de leur taxe, et l'empereur leur fit délivrer, sur les revenus de l'île de Chypre, l'argent qu'on leur demandait. Les Chrétiens, ainsi séparés des Musulmans dans Jérusalem [1], se trouvèrent affranch

---

1 Lebeau, Hist. du Bas-Emp. liv. LXXIX.

des insultes et des avanies qu'ils avaient essuyées depuis la prise de la ville.

La mort de Daher, à qui les Chrétiens devaient le court intervalle de repos dont ils avaient joui pendant son règne, plongea Jérusalem dans de nouveaux malheurs. Malek-Shah, turc seljoucide, qui régnait sur une partie de l'Orient, profita de cette circonstance pour attaquer l'Egypte. Il y envoya son lieutenant Afsis, qui, après avoir porté la terreur de ses armes sur les bords du Nil, reconquit au nom du calife de Bagdad, mais réellement au profit du sultan Malek-Shah, la Syrie soumise aux califes fatimites.

La Palestine tomba au pouvoir des Turcs, et le drapeau noir des Abassides flotta de nouveau sur les murs de Jérusalem. Les vainqueurs n'épargnèrent ni les chrétiens, ni les enfants d'Ali, que le calife de Bagdad représentait comme des ennemis de Dieu. La garnison égyptienne fut massacrée, les églises et les mosquées livrées au pillage, et la ville sainte nagea dans le sang des serviteurs de Jésus-Christ et de Mahomet, confondus dans ce carnage.

C'est surtout à ces barbares que les écrivains arabes [1] attribuent les dévastations qu'éprouvèrent à cette époque la Palestine et sa capitale. Les Orto-

[1] Elmae. hist. Sar. p. 282.

kides, que les fatimites avaient chassés de Jérusalem environ cent ans auparavant, y rentrèrent
alors et la défendirent avec vigueur contre Ré-
douan, autre turc seljoucide, émir d'Alep, qui
voulut les surprendre et fut repoussé. C'est ici que
l'histoire peut dire avec l'Ecriture, que Dieu avait
« livré ses enfants à ceux qui les haïssaient. »

Car la domination récente et mal affermie des
nouveaux conquérants se montra toujours inquiète,
violente et jalouse, et les Chrétiens eurent à souffrir des calamités que leurs pères n'avaient jamais
connues sous les règnes des califes de Bagdad et
du Caire. Lorsque les pèlerins de l'Occident, après
avoir traversé des contrées ennemies et couru mille
dangers, arrivaient dans la Palestine, les portes
de la ville sainte ne s'ouvraient que pour ceux
qui pouvaient payer une pièce d'or ; et comme la
plupart arrivaient pauvres, soit qu'ils fussent sáns
fortune, ou qu'on les eût dépouillés dans leur route
à travers les pays musulmans, ils erraient miséra-
blement autour de cette Jérusalem pour laquelle
ils avaient tout quitté. Le plus grand nombre pé-
rissait par la soif, la faim, la nudité, ou par l'épée
des sectateurs de Mahomet (an 1079).

Ceux qui parvenaient à entrer dans la ville, n'é-
taient pas pour cela à l'abri de tout danger : les
menaces et les outrages sanglants des Musulmans
les poursuivaient au Calvaire, sur le mont Sion et

dans tous les lieux qu'ils allaient visiter [1]. Lorsqu'assemblés dans les églises avec leurs frères, qui habitaient la sainte cité, ils offraient en commun leurs souffrances à Jésus-Christ, une multitude furieuse venait interrompre par ses cris l'office divin, foulait aux pieds les vases sacrés, montait sur les autels même du Dieu vivant, outrageait et battait de verges le clergé revêtu de ses ornements sacerdotaux.

Plus le peuple fidèle montrait de fermeté dans sa dévotion et ses prières, plus les musulmans redoublaient de violence; l'excès de leur barbarie éclatait surtout à l'époque des fêtes solennelles; et chaque année, les jours les plus révérés dans l'église chrétienne, ceux où naquit le Sauveur du monde, où il mourut, où il ressuscita, étaient marqués par la persécution et la mort de ses disciples.

Cependant, depuis l'époque de Charlemagne, les plaintes des chrétiens de la Palestine ne cessaient de retentir aux oreilles des princes de l'Europe. Les pèlerins de retour dans leur patrie, racontaient ce qu'ils avaient vu, ce qu'ils avaient souffert eux-mêmes. Ces tristes récits, volant de bouche en bouche, du château des barons à la chaumière des vassaux, arrachaient des larmes à tous les fidèles;

[1] Guill. de Tyr, liv. i. ch. 10.

on plaignait des frères indignement opprimés, on s'attendrissait sur leurs maux, et l'on brûlait de les venger ; déjà même les peuples reprochaient aux princes leur indifférence ; déjà, en France, quelques seigneurs et un concile de trente-sept évêques, tenu à Autun, avaient délibéré sur ces expéditions, qui allaient bientôt, pendant plusieurs siècles, ébranler toute l'Europe.

Ce fut dans ces circonstances que Pierre, sur-nommé *l'Ermite*, prêtre du diocèse d'Amiens, fit le voyage de la terre sainte. A l'aspect de Jé-rusalem, cet homme qui, sous un extérieur sim-ple, cachait une âme forte et ardente, se sentit plus ému que tous les autres pèlerins. Dans cette ville, qui présentait partout des marques de la miséricorde et de la colère de Dieu, tout enflamma sa piété, exalta son zèle, et le remplit tour-à-tour de respect et d'indignation.

Après avoir prié sur le Calvaire et au tombeau de Jésus-Christ, il se rendit auprès du patriarche de Jérusalem. Les cheveux blancs de Siméon, sa figure vénérable, et surtout la persécution qu'il avait soufferte, à l'imitation de son saint prédé-cesseur, le premier Siméon, lui méritèrent toute la confiance de Pierre ; ils pleurèrent ensemble sur les maux des Chrétiens.

Pierre, le cœur navré, le visage baigné de larmes, demanda s'il n'était point de terme, point de remède à tant de calamités. « O le plus fidèle des Chrétiens ! lui dit alors le patriarche, ne voyez-vous pas que nos iniquités nous ont fermé l'accès de la miséricorde du Seigneur ? L'Asie entière est au pouvoir des Musulmans ; tout l'Orient gémit sous la plus cruelle servitude ; aucune puissance de la terre ne peut nous secourir. »

A ces paroles, Pierre interrompit Siméon, et lui fit entendre que les guerriers de l'Occident pourraient être un jour les libérateurs de Jérusalem : « Oui, sans doute, répliqua le patriarche ; quand la source de nos afflictions sera comblée, quand Dieu sera touché de nos prières, il disposera les cœurs des princes de l'Occident et les enverra au secours de la sainte cité. » Ces mots rendirent une sorte d'espérance à Pierre et à Siméon ; ils s'embrassèrent en versant des larmes de joie. Le patriarche résolut d'implorer par ses lettres le secours du pape et des princes de l'Europe, et Pierre promit solennellement d'être interprète des chrétiens de l'Orient, et d'armer tout l'Occident pour leur défense.

De retour en Europe, Pierre présente au souverain pontife les plaintes et les vœux de la Palestine chrétienne : il l'émeut, le décide, et, par son ordre, parcourt les provinces, exhorte tous les fidèles à voler au secours de leurs frères. Ses discours pathétiques, joints aux peintures touchantes qu'il faisait des maux des chrétiens de l'Orient, achevèrent bientôt d'ébranler tous les esprits. Les Français surtout, nation sensible, avide de gloire et de périls, saisirent avec leur vivacité ordinaire ces pieuses et nobles idées ; et, au premier discours du pape Urbain ii, au concile de Clermont, une multitude d'évêques, d'abbés, de princes, de seigneurs, de barons et de chevaliers, prirent à l'envi, avec leurs vassaux, la Croix qui annonçait les futurs libérateurs du tombeau de Jésus-Christ.

Ce fut en 1099 que les Francs, après avoir traversé toute l'Asie Mineure et conquis les places les plus importantes, entrèrent en Palestine. Après avoir soumis la ville de Ramala et planté l'étendard de la Croix sur les murs de Bethléem, l'armée des Croisés, ainsi appelés de la croix qu'ils portaient sur leurs vêtements, comme le signe de l'expédition glorieuse à laquelle ils s'étaient voués, arriva sous les murs de Jérusalem dont l'aspect remua vivement tous les cœurs. Depuis que les Turcs avaient été chassés par les Francs de toutes les villes de la Syrie, le calife du Caire, profitant de la consternation qui régnait dans tous les anciens états des califes de Bagdad, avait repris Jérusalem, qui, se trouvant presque dénuée de défenseurs, s'était rendue sans résistance.

A l'approche des croisés, Iftikhar-Edaulé, lieutenant du calife égyptien, qui savait contre quels ennemis il avait à défendre la sainte cité, avait fait combler ou empoisonner les citernes extérieures et s'était environné d'un désert où les chrétiens devaient se trouver en proie à tous les genres de misères. Les vivres, les provisions nécessaires à un long siège avaient été transportés dans la place. Un grand nombre d'ouvriers s'occupaient jour et nuit à creuser les fossés, à réparer les tours et les remparts. La garnison égyptienne s'élevait à quarante mille hommes, et vingt mille habitants avaient pris les armes. Les Imans, ministres du culte de Mahomet, parcouraient les rues, exhortant les musulmans à la défense de la ville; des sentinelles veillaient sans cesse sur les minarets, sur les hauteurs de Sion et du mont des Oliviers.

Mais, bien loin de se décourager de tant d'obstacles, les soldats de l'armée chrétienne parurent s'enflammer plutôt à l'aspect des lieux qu'ils parcouraient; chaque pas qu'ils faisaient autour de Jérusalem leur rappelait un souvenir cher à la religion. Ils n'en pouvaient détacher leurs regards, et gémissaient sur l'état d'abaissement où elle était tombée. Au milieu de ces campagnes stériles et de ces montagnes brûlées par un soleil ardent, où la voix des prophètes semblait vivante encore pour prédire la désolation de la cité sainte, les croisés n'avaient, pour se procurer de l'eau pendant les fatigues du siège, que la fontaine de Siloé, à un mille au midi de la ville. Cette fontaine si célèbre, encore entourée alors des colonnades et des édifices qui en avaient fait un lieu de délices au temps des anciens Juifs, ne coulait plus avec abondance; et cette eau même, claire et limpide à la vue [1], était saumâtre et amère au goût; aussi les assié-geants eurent-ils cruellement à souffrir de la soif, tandis que les musulmans avaient de l'eau en abon-dance dans leurs citernes et dans deux anciens et vastes réservoirs, où des aqueducs souterrains en amenaient de Bethléem et d'Hébron.

Enfin les chrétiens de Bethléem et de Thécoa indiquèrent aux croisés les sources bouchées par les assiégés ; ils leur enseignèrent en même temps où ils pourraient couper du bois pour la construc-tion de leurs machines de guerre, dont le défaut avait déjà fait manquer le premier assaut donné à Jérusalem; car il n'y avait point de forêt autour de cette ville. Ce ne fut qu'avec beaucoup de peine et de dépenses que les assiégeants se procurèrent les bois dont ils avaient besoin ; il fallut les aller chercher à quatre milles du côté de l'Arabie. Enfin la valeur et la patience triomphèrent de tous les obstacles ; et malgré la vigoureuse résistance de la garnison, la place fut emportée le 15 de juillet,

---

[1] Matth. Paris, maj. ad an 1099. ch. VII.

un vendredi à trois heures du soir; c'était le jour et l'heure où Jésus-Christ expira pour le salut des hommes.

La ville fut remplie de carnage; on massacra tout ce qui se rencontra de Sarrasins dans les maisons, les palais, les mosquées et jusque dans les égoûts et les souterrains; on n'entendait partout que des gémissements et des cris de mort: dans la célèbre mosquée d'Omar, où une foule de musulmans s'étaient retirés, les fantassins de l'armée chrétienne entrèrent pêle-mêle, foulant les vivants et les cadavres de ceux qu'on venait de massacrer; les chevaux marchaient dans le sang jusqu'aux genoux, si l'on en croit les historiens contemporains. Ces excès, qu'on ne peut sans injustice attribuer à la religion, durent en partie leurs causes aux cruautés exercées depuis tant de siècles sur les chrétiens par les musulmans, et à la fureur qu'avaient excitée dans les croisés les longueurs et les fatigues du siège, pendant la durée duquel les enfants de Mahomet n'avaient épargné ni les insultes ni les outrages aux chrétiens de la ville et aux signes vénérés de la religion.

La nouvelle d'une armée musulmane qui s'avançait au secours de Jérusalem, empêcha qu'on ne fît des prisonniers qui eussent été des ennemis trop dangereux à laisser derrière soi : aussi n'y en eut-il qu'un petit nombre d'épargnés qui, réduits à la plus dure servitude, servirent à débarrasser ensuite Jérusalem des cadavres et du sang de leurs infortunés frères; le nombre des morts s'éleva, dit-on, à soixante-dix mille [1]. Dans ces scènes affreuses, les Juifs ne furent pas plus épargnés que les Musulmans, et ils périrent dans leur synagogue qui fut livrée aux flammes.

Les Chrétiens de Jérusalem se pressaient parmi le sang et les cadavres autour des vainqueurs qui venaient de les délivrer de leurs oppresseurs, et dont la voix avait réuni ces guerriers de toutes les contrées de l'Europe; leur présence rappela enfin aux cavaliers de l'occident qu'ils étaient venus pour adorer le tombeau de Jésus-Christ. Godefroi de Bouillon, à la fois le plus valeureux et le plus modéré des chefs francs, qui s'était abstenu du carnage après la victoire, se rendit accompagné seulement de trois de ses serviteurs, les pieds nus et sans armes, à l'église du Saint-Sépulcre.

Bientôt la nouvelle de cet acte de dévotion se répandit dans l'armée chrétienne. Aussitôt la fureur s'apaise, l'épée tombe des mains des soldats et des chefs, également acharnés un instant auparavant; le carnage cesse subitement, et en un moment la religion reprend son empire sur tous les cœurs; les croisés quittent leurs habits sanglants. Con-

---

[1] Alb. Aq. lib. 6

duits par le clergé de l'armée, pieds nus et tête découverte, ils s'avancent en procession vers le saint sépulcre, en faisant retentir les airs de leurs cris et de leurs gémissements ; et parmi les ténèbres de la nuit qui commençaient à voiler le Calvaire, on n'entendait plus dans la ville sainte que les tristes cantiques de la pénitence et ces paroles du prophète Isaïe : « Vous qui aimez Jérusalem, ré_ jouissez-vous avec elle. »

Au bout de quelques jours, quand on eut fait disparaître jusqu'aux dernières traces du sang et des cadavres, la ville de Jérusalem présenta un spectacle nouveau ; elle avait changé subitement d'habitants, de lois et de religion ; chaque maison, chacun des palais, des édifices de la cité sainte, étant demeuré à celui qui s'en était rendu maître, par une convention arrêtée d'avance, un signe placé sur une porte était pour chacun des vainqueurs un titre de propriété qui fut partout respecté. Une partie des trésors enlevés aux infidèles fut employée à soulager les pauvres et les orphelins, et à décorer les autels du Sauveur relevés maintenant avec gloire dans Jérusalem. Le bois de la vraie Croix, qu'on avait tenue cachée pendant la guerre, fut exposée aux regards avides des pieux pèlerins qui la ramenèrent em pompe à l'église de la Résurrection.

Le sage Godefroi, élu roi de Jérusalem par les

suffrages de ses compagnons d'armes, refusa de ceindre le diadème des rois, aux lieux où le Sauveur avait porté une couronne d'épines. Il s'occupa dès les premiers jours de son règne de la splendeur du culte divin, et rien ne fut épargné pour rendre aux saintes cérémonies leur éclat et leur magnificence. Les ecclésiastiques furent attachés à l'église du Saint-Sépulcre, pour chanter jour et nuit les louanges de Dieu; des cloches furent fondues, et l'airain qui, depuis la conquête d'Omar, n'avait jamais retenti dans Jérusalem, appela bientôt les croisés à l'église, où ils se disposèrent, en recevant le corps sacré du Rédempteur, à aller combattre l'armée des Egyptiens débarquée à Ascalon, sous les ordres du visir Afdal. Revenus au bout de quelques jours vainqueurs et chargés de butin à Jérusalem, ils entrèrent triomphants dans la ville sainte, et Godefroi, au milieu des cris et des chants d'allégresse des Chrétiens, alla suspendre aux colonnes de l'église du Saint-Sépulcre le grand étendard et l'épée du visir, comme les glorieux trophées de sa victoire.

Godefroi, après avoir donné à son royaume les lois célèbres si connues sous le nom d'Assises de Jérusalem, s'occupait d'achever la conquête des différentes villes de la Palestine dont une partie lui était déjà soumise, lorsqu'il tomba malade à Joppé. On le transporta avec peine dans sa capitale où il mourut, en recommandant aux compagnons de ses victoires la gloire de la religion et le bonheur du royaume de Jérusalem.

Grand capitaine, guerrier magnanime et vertueux, il fut pleuré des chrétiens et des infidèles, qui plus d'une fois avaient éprouvé sa grandeur d'âme et sa clémence. Il fut enseveli avec honneur dans l'église du Saint-Sépulcre. Nouveau Judas Macchabée, sa perte, comme celle de ce grand capitaine, eût pu être irréparable pour Jérusalem, si comme lui, il n'eût eu un frère également digne de le remplacer, le brave Baudouin, comte d'Edesse, qui arriva peu de temps après à Jérusalem avec une escorte de quatre cents cavaliers et de mille fantassins.

Aucun évènement remarquable ne se passa durant son règne dans la ville de Jérusalem ; et pendant les dix-huit années que le frère de Godefroi porta la couronne de David, il s'occupa constamment de conquérir les villes de la Palestine que les musulmans tenaient encore en leur pouvoir. Plus d'une fois, il vit sa puissance ébranlée, mais il la conserva toujours par des prodiges de valeur. S'il perdit plusieurs batailles par sa témérité et son imprudence, toujours aussi son activité extraordinaire le sauva des périls où il s'était engagé. N'ayant pour entretenir ses armées que les renforts qui lui venaient d'Occident, les dîmes qu'il prélevait sur les terres cultivées, ou le butin fait sur l'ennemi, il se vit un jour dans une telle détresse, qu'il dut forcer Daimbert, archevêque de Pise, devenu patriarche de Jérusalem, après la mort de Siméon, à lui abandonner les offrandes des fidèles pour subvenir aux frais de la guerre.

Toute la vie de Baudouin se passa au milieu des camps et, durant tout son règne, les habitants de Jérusalem entendirent chaque année la grosse cloche qui annonçait l'approche des Musulmans, dont les étendards se montrèrent une fois même sur les hauteurs de Sion. Ils ne virent presque jamais dans le sanctuaire le bois de la vraie Croix, que la dévotion des princes faisait toujours porter au milieu des batailles, comme le gage le plus certain de la victoire.

Quoiqu'il se fût rendu odieux dans les premiers temps de la croisade par son caractère altier, Baudouin en montant sur le trône de Godefroi ne montra plus que les qualités les plus brillantes. Au milieu du tumulte des camps, il ajouta plusieurs dispositions au code de son prédécesseur ; mais ce qui fit le plus d'honneur à son règne, fut le soin qu'il prit de repeupler Jérusalem. Il y offrit un asile honorable aux chrétiens dispersés dans l'Arabie, dans la Syrie et l'Egypte : les fidèles persécutés par les Musulmans y accoururent en foule avec leurs familles et leurs richesses. Baudouin leur distribua les terres et les maisons abandonnées, et la ville sainte redevint promptement florissante.

Après avoir conquis un grand nombre de villes, dont les plus considérables étaient Arsur, Césarée, Acre et Tripoli, il venait encore de surprendre et de piller Pharamia, ville riche située à trois journées seulement de la capitale de l'Egypte, lorsqu'il tomba malade sur les confins du désert qui sépare cette contrée de la Palestine.

Ayant désigné pour son successeur Baudouin du Bourg, son cousin, auquel il avait laissé déjà son comté d'Edesse, il mourut au milieu des regrets de son armée, avec la fermeté d'âme d'un chrétien et le courage héroïque qu'il avait montré en tant de combats. (An 1118.)

Selon le désir de Baudouin, ses dépouilles mortelles furent transportées à Jérusalem. Baudouin du Bourg, qui venait dans la cité sainte pour célébrer les fêtes de Pâques et visiter le roi de Jérusalem, arriva dans la ville le Dimanche des Rameaux, à l'heure où, suivant l'usage antique, le clergé parcourait avec le peuple réuni en procession la vallée de Josaphat.

Comme il entrait par la porte d'Ephraïm, le cercueil du frère de Godefroy, accompagné de ses guerriers en deuil, entrait par la porte de Damas. A cet aspect, des cris lugubres se mêlèrent aux cantiques des Chrétiens ; une égale affliction, raconte

Foulcher de Chartres, saisissait les fidèles et les
Musulmans témoins de ce douloureux spectacle. Le
comte d'Edesse accompagna, parmi les larmes de
ce peuple affligé, les dépouilles de son royal cousin
jusqu'à l'église du Calvaire, où elles furent ense-
velies près de celles du noble Godefroy.

Baudouin II, reconnu roi par les suffrages des
princes feudataires de la couronne de Jérusalem,
signala la première année de son règne par une
grande victoire qu'il remporta près d'Antioche et
par un édit qui lui mérita la reconnaissance de ses
sujets ; il donnait aux Latins la permission de faire
entrer dans Jérusalem toutes sortes de marchandises
sans payer aucun droit, et supprimait toutes les
impositions sur le blé, l'orge, les légumes, etc.[1],
afin d'augmenter la population et le commerce dans
sa capitale, et d'encourager l'agriculture dans les
provinces. Il prit ensuite le château-fort de Gérasa,
sur l'émir de Damas ; mais quelque temps après,
comme il visitait sans précaution les places de la
principauté d'Antioche, il tomba entre les mains
des infidèles. Pendant sa prison, le doge de Venise
et les grands vassaux du royaume de Jérusalem résolurent de faire le siège de Tyr : il fut long ; mais
enfin la place fut forcée de capituler. (An 1125.)

Le jour où l'on reçut à Jérusalem la nouvelle de

[1] Guill. de Tyr, liv. xii. ch. 12 et 13. Foulcher de Chart.
ch. xlix.

la prise de Tyr fut une fête pour les habitants de la
ville sainte. Le son des cloches annonça aux montagnes de Juda que l'on chantait le *Te Deum* en
actions de graces dans l'église de la Résurrection ;
des drapeaux furent arborés sur les tours et les
remparts de la ville ; les rues et les places publiques
pavoisées et ornées de branches d'oliviers, furent
semées de fleurs, et de riches étoffes ornaient les
maisons au dehors et les portiques des églises.

Les vieillards racontaient alors les splendeurs de
l'antique royaume de David, et les jeunes filles
chantaient en chœur les paroles des psaumes et des
prophéties qui rappelaient la grandeur et la richesse
de la ville de Tyr. Baudouin ii, rendu à la liberté
après dix-huit mois de captivité, ne tarda pas à
venger son honneur par de nouvelles victoires sur
les infidèles. Ce fut vers cette époque que l'on vit
s'élever à Jérusalem les ordres fameux qui devaient
avoir un si grand retentissement dans l'histoire :
celui des chevaliers de Saint-Jean de Jérusalem,
en dernier lieu nommés chevaliers de Malte, et celui
des chevaliers du Temple ou templiers.

« La dévotion des pèlerinages, dit Michaud[1],
amenait chaque jour en Orient une foule d'hommes
impatients d'échanger le bourdon et la panetière
contre le glaive des combats. La piété inspirait la

[1] Hist. des crois. liv. v.

valeur, et tout devenait belliqueux, jusqu'à la charité évangélique. Du sein d'un hôpital consacré au service des pauvres et des pieux voyageurs, on vit sortir des héros armés contre les infidèles. On admirait également l'humanité et la bravoure des chevaliers de Saint-Jean. Tandis que les uns veillaient aux soins de l'hospitalité, les autres allaient combattre les ennemis du nom chrétien. »

A l'exemple de ces pieux chevaliers, quelques gentilshommes se réunirent près du lieu où avait été bâti le temple de Salomon, et firent le serment de protéger et de défendre les pèlerins qui se rendaient à Jérusalem. Leur réunion donna naissance à l'ordre des Templiers, qui, dès son origine, fut approuvé par un concile (celui de Troyes), et qui dut ses statuts à saint Bernard.

« Les chevaliers de Saint-Jean et du Temple, ajoute encore l'illustre historien des croisades, méritèrent long-temps les plus grands éloges : heureux et plus dignes des bénédictions de la postérité, si, dans la suite, ils ne s'étaient pas laissés corrompre par leurs succès et par leurs richesses, s'ils n'avaient pas souvent troublé l'état dont leur bravoure était l'appui ! Ces deux ordres étaient comme une croisade qui se renouvelait sans cesse et qui entretenait l'émulation dans les armes chrétiennes.

Baudouin ii, n'ayant point d'enfants mâles, fit proposer sa fille aînée, Mélisende, à Foulque d'Anjou, prince français , que sa piété et sa valeur avaient amené en Palestine , et promit de le faire reconnaître pour son successeur. Foulque accepta avec joie une proposition si belle et devint le gendre et l'héritier du roi de Jérusalem , auquel il succéda trois ans après. Baudouin mourut après avoir régné douze ans à Jérusalem , emportant au tombeau les regrets des Chrétiens , qui aimaient à voir en lui le dernier des compagnons de Godefroy de Bouillon. (An 1131.)

. Foulque d'Anjou était plus que sexagénaire lorsqu'il monta sur le trône de Jérusalem ; il régna cependant encore quatorze ans. Le commencement de son règne fut l'apogée de la prospérité de ce faible royaume et des autres états chrétiens de la Syrie ; car, vers la fin de sa vie , ils penchaient déjà vers leur décadence. Toujours environné d'ennemis , Foulque s'occupa davantage à bâtir des forteresses et à conserver les conquêtes de ses prédécesseurs, qu'à en faire de nouvelles. Sous son règne, l'esprit militaire , affaibli déjà par le relâchement des mœurs parmi les chrétiens , et contre lequel l'Eglise lançait vainement ses foudres , fut remplacé par l'esprit de discorde , dont les suites furent plus calamiteuses que les guerres les plus cruelles. Le siège de *Panéas* , autrement nommée Césarée de Philippe, dans le Liban, que les Musulmans de Damas firent de concert et qu'ils enlevèrent à Zengui , empereur des Turcs , fut l'évènement le plus important du règne de Foulque.

Après la mort de ce prince , qui fut occasionnée par une chute de cheval , qu'il fit dans la plaine de Ptolémaïs , son fils , Baudouin III , âgé seulement de douze ans , lui succéda au royaume de Jérusalem. Les rênes du gouvernement, tombant alors des mains faibles et impuissantes d'un vieillard dans celles d'une femme et d'un enfant , encouragèrent la discorde plus vivement que jamais. Des partis s'élevèrent bientôt autour de la reine Mélisende , nommée régente pendant la minorité de son fils : chacun voulait régner avec elle. Tous prétendirent avoir une part au gouvernement , qui prenait insensiblement , au milieu de tant d'intérêts contraires et d'intrigues , la forme turbulente d'une république.

L'autorité du prince , forte jusque-là de la considération que lui avaient donnée les successeurs de Godefroy , par l'éclat de leurs combats et de leurs victoires , ne pouvait que déchoir entre les mains de Mélisende ; les relations politiques des Chrétiens en souffrirent , et les Sarrasins crurent plus d'une fois voir plusieurs chefs au lieu d'un sur le trône de Jérusalem.

Le jeune Baudouin , déployant déjà une bravoure au-dessus de son âge , n'attendit pas sa majorité pour se faire couronner ; il avait à peine quatorze ans , lorsqu'en présence des barons et du clergé , il reçut l'épée avec laquelle il devait défendre la religion et la justice : l'anneau , symbole de la foi ; le sceptre et la couronne , marques de la dignité et de la puissance , et la pomme , image de la terre et du royaume qu'il était appelé à gouverner [1]. Dès les premiers jours de son règne , il fit une expédition au-delà du Jourdain, et enleva aux infidèles le château de la Syrie-Sobal , qu'on appelait le *Val de Moïse*[2]. Son inexpérience et sa jeunesse lui firent entreprendre encore d'autres expéditions qui furent malheureuses , dans lesquelles il se vit en danger de perdre la vie ou la liberté , après avoir sacrifié une partie de ses troupes.

L'année 1148 vit arriver à Jérusalem Louis VII, roi de France, et Conrad , empereur d'Allemagne , qui avaient entrepris une nouvelle croisade , et qui avaient éprouvé l'un et l'autre la plus sanglante défaite de la part des Turcs , en traversant les montagnes de l'Asie Mineure.

L'arrivée en Palestine du roi de France , quoique vaincu , excita le plus vif enthousiasme , en ranimant les espérances des Chrétiens. Le peuple de Jérusalem , les princes, les prélats sortirent au-devant de lui , portant dans les mains des rameaux d'olivier , en chantant les paroles qui avaient accueilli

[1] Voyez les assises du roy. de Jér.
[2] Guill. de Tyr. liv. XVI. ch. I et suiv.

le triomphe de Jésus-Christ : « Béni soit celui qui vient au nom du Seigneur ! » L'empereur d'Allemagne arriva vers le même temps. Réunis au tombeau du Rédempteur, les deux monarques, dépouillés de leur grandeur, pleurèrent ensemble sur les malheurs qu'ils avaient éprouvés dans leur pèlerinage, et adorèrent les décrets profonds de la Providence, qui les avait l'un et l'autre humiliés en donnant la victoire à leurs ennemis.

Après avoir réuni le reste de leurs forces à celles de Baudouin et des princes de la Palestine, le roi de France et l'empereur allèrent assiéger Damas : quelques brillants faits d'armes signalèrent la présence des croisés sous les murs de cette ville ; mais la discorde qui se mit parmi les chefs les empêcha de s'en rendre les maîtres. Conrad retourna alors en Europe, et Louis vii, après une année de séjour en Palestine, alla aussi reprendre le gouvernement de son royaume, laissant les états chrétiens environnés des plus grands périls.

Au milieu de tant de dangers, les Chrétiens conjuraient eux-mêmes leur perte par leurs discordes continuelles : à Jérusalem, la reine Mélisende disputait à son fils le gouvernement du royaume, et la division en vint au point que Baudouin iii vint assiéger la tour de David, ou sa mère s'était réfugiée avec ses partisans. Tout semblait se réunir pour accabler les puissances chrétiennes en Orient, et les Musulmans entrevoyaient déjà l'époque où ils chasseraient les Francs de la Syrie. Telle était déjà leur audace, que, pendant que Baudouin assiégeait Ascalon, qu'il forçait à capituler, deux jeunes princes de la famille d'Ortok, profitant de l'absence du roi, osèrent concevoir le projet de reconquérir Jérusalem [1].

Une armée, qu'ils avaient rassemblée dans la Mésopotamie, vint camper sur le mont des Oliviers; la ville sainte ne dut son salut qu'à la bravoure de quelques chevaliers, qui ranimèrent le courage du peuple effrayé. Ils firent une sortie contre l'armée musulmane, la chargèrent brusquement et la mirent dans une déroute complète. Dans le trouble où ils étaient, les Turcs prirent la fuite par la route de Jéricho, inégale et raboteuse et bordée de toutes parts de précipices dangereux. Engagés dans ce passage redoutable, ils y périrent presque tous, laissant un riche butin aux vainqueurs, qui rentrèrent dans la ville au milieu des acclamations et des chants de victoire du peuple et du clergé.

Baudouin III, qui s'était couvert de gloire par la prise d'Ascalon, se laissa quelquefois entraîner par de mauvais conseils dont les résultats furent presque toujours punis par la défaite. Il avait déjà régné près de vingt ans; ayant terrassé presque tous ses

---

[1] Guill. de Tyr, liv. XVII. ch. 20.

ennemis, il avait obtenu en mariage la nièce de l'empereur de Constantinople qui lui avait apporté des trésors considérables , lorsqu'à son retour d'Antioche , qu'il avait délivrée de la crainte des Musulmans , il mourut à Bérithe, empoisonné par un médecin arabe.

Jérusalem , qui l'avait vu partir dans la fleur de la santé et de la jeunesse, fut plongée dans le deuil quand elle vit arriver ses dépouilles mortelles , et crut voir alors le commencement des jours malheureux. (An 1160). Amaury , frère de Baudouin , lui succéda au royaume de Jérusalem , malgré la haine que lui portaient la plupart de ses barons.

Ambitieux d'agrandir son royaume , ce prince , après avoir fait plusieurs conquêtes profitables et vaincu les Musulmans à plusieurs reprises , conçut le projet de s'emparer de l'Egypte , où les intrigues du visir l'avaient appelé avec ses troupes. Il en rapporta de grands trésors ; mais ses expéditions éloignées , loin d'affermir son propre royaume , n'en fit qu'accélérer la décadence : une seconde expédition en Egypte , dont il fut enfin entièrement chassé par le célèbre Saladin , qui commençait à se rendre célèbre , et les progrès toujours croissants du sultan de Damas, furent pour le royaume de Jérusalem des coups dont Amaury ne put pas apprécier les suites funestes.

A son retour de Constantinople où il était allé ,

pour la seconde fois, chercher des troupes et de
l'argent ; mais sans avoir pu en obtenir, il tomba
malade d'une dyssenterie dont il mourut, laissant un fils âgé de treize ans et couvert de lèpre.
(An 1174.)

Baudouin IV, en montant sur le trône, ne laissa
pas, malgré les infirmités dont il était accablé, de
faire voir qu'il avait hérité de toutes les nobles
vertus de ses ancêtres. A peine âgé de seize ans,
il marcha en personne contre Saladin dont la puissance prenait chaque jour plus d'étendue, et remporta sur ce prince plusieurs victoires glorieuses
qui rendirent quelqu'éclat au royaume de Jérusalem, sans pouvoir toutefois arrêter sa chute. Le
luxe et la corruption des grands, le relâchement
de tous les ordres et de toutes les classes, les discordes continuelles entre les princes et les barons,
sans compter les querelles et les débats violents des
chevaliers du Temple et de saint Jean qui auraient
dû songer à défendre l'état et la religion, contre
les invasions incessantes et redoutables de Saladin ;
tout contribuait à entraîner plus rapidement que
jamais la perte du faible royaume fondé par Godefroy. Malgré sa valeur, Baudouin devenait de plus
en plus incapable d'arrêter ces calamités.

Dévoré par la lèpre dont il avait subi la maligne
influence dès sa jeunesse, il sentait la vie lui
échapper et ne se sentait plus en état de gouverner.

Forcé par les plus tristes circonstances à donner sa sœur Sybille en mariage à Gui de Lusignan, que les barons de son royaume méprisaient, il lui avait ouvert le chemin au trône de Salomon, en lui remettant la régence du royaume.

Cependant Saladin, ayant envahi la Galilée, et Lusignan n'ayant pu réussir à le chasser par la jalousie des barons, Baudouin rassembla lui-même des troupes et en donna le commandement à Raymond, comte de Tripoli. Mécontent d'ailleurs de Lusignan, dont il avait reçu plus d'un sanglant outrage, le malheureux Baudouin lui reprit la régence et la remit aux mains plus habiles du comte de Tripoli.

Baudouin v, âgé de cinq ans, né du premier mariage de Sybille et du marquis de Monferrat, fut couronné dans l'église du Saint-Sépulcre, en présence du clergé et du peuple. On adressa au ciel des prières pour le règne d'un enfant et pour le salut du royaume qu'il devait gouverner : mais la Providence ne devait pas exaucer ces prières, et les fêtes qu'on célébra pour le couronnement de Baudouin v furent les dernières du peuple chrétien de Jérusalem. (An 1184). L'année suivante, l'infortuné Baudouin iv, dont les infirmités étaient l'image sensible de son royaume, mourut au milieu des discordes qui s'agitaient dans Jérusalem, avec la gloire d'avoir défendu ses états avec courage, et non sans succès, contre le plus formidable ennemi des chrétiens de l'Orient. Le deuil de sa mort environnait encore son palais, lorsque son neveu Baudouin v mourut subitement à son tour, tandis que le comte de Tripoli et Gui de Lusignan se disputaient la régence et la tutelle du jeune roi.

La même année, Sybille, qui avait gagné le patriarche Héraclius et le grand-maître des Templiers, se fit prêter serment par une partie des barons et des chevaliers, et réussit par ses intrigues à faire reconnaître son mari, Gui de Lusignan, pour roi de Jérusalem, contre le vœu et le gré de la plus grande et de la plus saine partie de la nation. Sous un prince si peu capable que Lusignan, Saladin, qui profitait des moindres démêlés parmi les Chrétiens, et qui mettait à profit toutes leurs dissensions, ne fut pas long-temps sans remporter sur eux une victoire complète. Une bataille se livra près de Tybériade, que le sultan assiégeait, et l'armée chrétienne y périt tout entière.

Lusignan, le grand-maître du Temple, la plupart des plus braves chevaliers y furent faits prisonniers, et le bois vénéré de la Croix tomba lui-même entre les mains du vainqueur. La place assiégée fut le premier prix de sa victoire. Tibériade fut emportée d'assaut et mise au pillage, et en peu de temps Saladin fut maître de toutes les villes maritimes, depuis Ptolémaïs jusqu'à Ascalon.

Le moment était venu où Jérusalem allait retomber de nouveau au pouvoir des Musulmans.
Saladin, après s'être emparé de Gaza et de plusieurs forteresses du voisinage, rassembla son armée
et s'avança vers Jérusalem. Une reine en pleurs,
les enfants des guerriers tombés sur le champ de
bataille de Tibériade, un petit nombre de soldats
fugitifs et de pèlerins, venus de l'Occident, étaient
les seuls défenseurs du tombeau de Jésus-Christ.
Un grand nombre de familles chrétiennes qui
avaient quitté les provinces dévastées par les armes
des infidèles, remplissaient la capitale, et bien loin
d'être de quelque secours, ne faisaient qu'augmenter le trouble et la consternation qui régnaient
dans la cité sainte.

Lorsque Saladin fut arrivé sous les murs de
Jérusalem, il offrit aux habitants une capitulation
honorable, s'ils voulaient se rendre à lui sans
combattre. Mais quelque découragés qu'ils fussent,
ils ne purent se résoudre à abandonner ainsi le
tombeau du Rédempteur. Encouragés par le clergé
qui les exhortait à défendre la sainte cité, ils choi-
sirent pour leur chef un vieux guerrier qui s'était
trouvé à la bataille de Tibériade, et dont les vertus
et l'expérience inspiraient la confiance et le respect.
Baléan d'Ibelin, c'était son nom, s'occupa avec
activité à fortifier la place, créa cinquante chevaliers parmi les bourgeois, et réunit tous les

chrétiens en état de porter les armes, qui jurèrent
de verser leur sang jusqu'à la dernière goutte,
pour la défense du saint Sépulcre.

Bientôt on vit flotter les étendards de Saladin
sur les hauteurs d'Emmaüs, et toutes les forces
de l'armée musulmane se déployèrent autour de
Jérusalem. Il y eut divers combats et plusieurs
sorties, dans lesquelles les plus braves d'entre les
Chrétiens s'efforcèrent de détruire les machines et
les travaux des assiégeants. Mais ni la vive résistance des assiégés, ni les prières du clergé, ni
les gémissements du peuple, ne purent empêcher
Saladin de serrer chaque jour de plus près la
ville, dont les tours et les remparts étaient près
de s'écrouler au premier assaut général.

On n'entendait que cris et lamentations dans
Jérusalem; mais Dieu était irrité contre cette ville
où la corruption des Chrétiens demandait un châtiment : ils avaient beau supplier le Ciel; *notre
sir Jésus-Christ*, dit une vieille chronique, *ne
les voloit ouïr, car la luxure et l'impureté qui
en la cité étoient, ne laissoient monter oraison
ni prière devant Dieu.*

Au milieu du désespoir des uns et des alarmes
qu'inspiraient les Chrétiens grecs et syriens, dont
on redoutait la trahison, les principaux de la ville
se résolurent à demander une capitulation à Saladin.

Deux fois le sultan les repoussa, en leur montiant ses étendards qui flottaient déjà sur une partie des remparts de Jérusalem. Alors Baléan d'Ibelin, prenant une résolution désespérée, menaça de s'ensevelir avec les habitants sous les ruines de la cité sainte, de détruire de fond en comble la mosquée d'Omar, de la livrer aux flammes avec toutes les richesses de la ville et de faire périr avec les Chrétiens cinq mille prisonniers musulmans retenus dans Jérusalem. Saladin, effrayé de ce discours, leur accorda enfin ce qu'ils demandaient, et la ville sainte rentra au pouvoir des Musulmans, le 3 d'octobre 1187, après avoir été quatre-vingt-huit ans au pouvoir des Chrétiens.

Quarante jours avaient été accordés aux Chrétiens pour quitter Jérusalem. Lorsqu'ils virent s'approcher celui où ils devaient dire un dernier adieu aux lieux saints, leur douleur éclata par toutes les marques les plus sensibles : ils arrosaient de leurs larmes le tombeau de Jésus-Christ, en regrettant de n'être pas morts pour sa défense ; ils parcouraient en gémissant le Calvaire et les églises qu'ils ne devaient plus revoir, s'embrassaient les larmes aux yeux, en déplorant leurs fatales divisions.

Ils voyaient avec horreur les outrages que les Musulmans faisaient déjà aux objets vénérés de la religion ; et, dans les mouvements de leur indignation, vaincus et sans armes, ils furent plusieurs fois sur le point de se soulever encore contre leurs vainqueurs.

Enfin, le jour fatal arriva où ils devaient s'éloigner sans retour de Jérusalem. On ferma toutes les portes de la ville, excepté celle de David. Saladin, assis sur un trône magnifique, vit passer devant lui ce peuple désolé. Le patriarche, suivi du clergé, parut le premier, emportant les vases sacrés, les ornements et les trésors du Saint-Sépulcre. La reine Sybille, accompagnée des principaux barons et chevaliers, venait ensuite. Saladin, respectant sa douleur, lui adressa des paroles pleines de bonté. Avec la reine venaient une foule de femmes qui portaient leurs enfants dans leurs bras et qui faisaient retentir l'air de leurs gémissements.

Plusieurs d'entr'elles s'approchèrent du trône de Saladin, en lui demandant leurs époux et leurs fils. Le sultan, touché de leurs prières, leur promit d'adoucir leurs maux et rendit aux mères leurs enfants, aux épouses leurs maris, qui se trouvaient parmi les captifs.

Plusieurs chrétiens, abandonnant ce qu'ils avaient de précieux, portaient sur leurs épaules, les uns leurs parents affaiblis par les ans, les autres leurs amis infirmes et malades. Ce spectacle attendrit Saladin, et ses aumônes récompensèrent la vertu et la piété de ses ennemis. Touché de toutes ces infortunes, il permit aux hospitaliers de rester dans la ville pour soigner les pèlerins, et ceux que des maladies graves empêchaient de sortir de Jérusalem.

Quand le peuple chrétien eut quitté la ville conquise et se fut dispersé dans les autres villes de la Palestine et de la Syrie, Saladin entra à Jérusalem en triomphe, précédé de ses étendards victorieux. Des imans, des docteurs de la loi en grand nombre, les ambassadeurs de tous les princes musulmans de l'Asie, formaient son cortège. Toutes les églises, excepté celle du Saint-Sépulcre furent converties en mosquées, et le sultan fit laver avec de l'eau de rose, venu de Damas, le parvis et les murs de la mosquée d'Omar, où il fit placer la chaire construite par Noureddin.

La nouvelle de la prise de Jérusalem par Saladin répandit la consternation dans tout l'Occident ; elle arriva en Italie, où le pape Urbain III en mourut de douleur : elle y excita partout les Chrétiens à la pénitence et les arma quelques années après pour la croisade, si célèbre par la bravoure des Chrétiens au siège de Ptolémaïs, les démêlés de Philippe-Auguste, roi de France, avec Richard *Cœur-de-Lion*, roi d'Angleterre, la magnanimité de ce dernier et sa courtoisie dans ses relations avec Saladin.

Après la prise de Ptolémaïs, il fut question plusieurs fois parmi les croisés d'aller faire le siège de Jérusalem et de l'arracher une seconde fois au joug des infidèles. Mais Saladin avait fait renouveler les fortifications de la ville sainte, et cette grande croisade n'aboutit qu'à quelques vaines démonstrations de courage, et tandis que le tombeau de Jésus-Christ demeurait exposé aux outrages des Musulmans. Lusignan, qui avait été rendu à la liberté et qui ne tenait son titre de roi de Jérusalem que du chef de sa femme, morte devant Ptolémaïs, se le vit arracher pour le voir donner tour-à-tour à plusieurs barons qui ne le gardèrent pas plus que lui. La paix ayant enfin été conclue avec les infidèles, Saladin permit à tous les chrétiens l'entrée de la ville sainte ; ils y vinrent en foule adorer le tombeau de Jésus-Christ, qui reçut de nouveau les respects et les hommages du peuple chrétien qui ne l'avait pu délivrer.

Après la mort de Saladin, Frédéric II, empereur d'Allemagne, tenta une expédition qui eut du succès, mais qui n'aboutit qu'à de plus grands désastres.

Les chevaliers du Temple firent ensuite une alliance avec l'émir de Damas contre le sultan du Caire. Celui-ci pour se mettre à l'abri de leur invasion, appela les Karismiens à son secours, et leur promit l'abandon de la Palestine, s'ils voulaient entreprendre de la soumettre à leurs armes.

Cette proposition fut acceptée avec joie, et vingt mille cavaliers, animés de la soif du butin et du carnage, accoururent du fond de la Mésopotamie pour servir la vengeance du sultan d'Egypte. Ils ravagèrent en passant le territoire de Tripoli, la principauté de Galilée, et bientôt les flammes, qui signalèrent partout leur passage, annoncèrent leur arrivée aux habitants de Jérusalem.

Des fortifications à peine commencées, et le petit nombre de guerriers, enfermés dans la ville sainte, ne laissaient pas le moindre espoir de pouvoir repousser les attaques imprévues d'un ennemi formidable. Toute la population de Jérusalem résolut de fuir sous la conduite des chevaliers de l'hôpital et du temple. Il ne resta dans la ville que les malades et quelques habitants, qui n'avaient pu se résoudre à abandonner leurs maisons et leurs parents infirmes [1].

Bientôt les Karismiens arrivent, renversent les faibles retranchements qu'on avait élevés sur leur passage, se précipitent dans Jérusalem l'épée à la main, et massacrent tout ce qu'ils rencontrent; et comme au milieu d'une ville abandonnée et déserte, les victimes et le butin manquaient à la rage et à l'avidité des vainqueurs, ils employèrent le stratagème le plus odieux pour rappeler

[1] Guill. de Nangis, et Matth. Pâris. Michaud, Hist. des croisades.

les habitants qui venaient de prendre la fuite.

Le plus grand nombre des barbares s'éloignèrent de la ville ; ceux qui étaient restés élèvent sur le haut des tours les étendards de la Croix, et font retentir toutes les cloches des églises. La foule des Chrétiens qui se retiraient vers Jaffa, marchait en silence et s'avançait lentement, espérant toujours que le Ciel, touché de leur misère, les ramènerait vers leurs demeures qu'ils venaient de quitter : quelques-uns d'entr'eux ne pouvaient détacher leurs regards de la ville sainte. Tout-à-coup, les drapeaux de la Croix frappent leurs yeux, l'airain sacré, qui les appelait chaque jour à la prière, retentit à leurs oreilles, et aussitôt la nouvelle se répand que les Karismiens ont tourné leurs armes d'un autre côté, ou qu'ils ont été repoussés par les chrétiens restés dans la ville.

On se persuada que Dieu avait pris en pitié son peuple, et sept mille fugitifs, trompés par cet espoir, retournent à Jérusalem ; mais bientôt les bandes karismiennes reviennent sur leurs pas, escaladent les remparts, rompent les portes de la ville ; les Chrétiens consternés, sans armes, sans vivres, sans aucun moyen de défense, prennent une seconde fois la résolution de fuir.

Tout le peuple sort de nouveau de Jérusalem, au milieu des ténèbres de la nuit, bravant la mort qui l'attendait sur les chemins et dans les lieux déserts du voisinage. L'ennemi avait placé ses bataillons dans les montagnes, parmi lesquelles les malheureux fugitifs marchaient sans ordre et au hasard. Parvenus dans un défilé, ils sont attaqués, enveloppés de toutes parts; ils ne peuvent ni fuir ni combattre; tous sont chargés de fers ou périssent par le glaive. Les barbares, traînant après eux leurs captifs et de sanglantes dépouilles, accourent dans la ville sainte, où étaient restés ceux des Chrétiens qui n'avaient pu supporter la fatigue du chemin et de la fuite; une troupe de religieuses, d'enfants et de vieillards furent massacrés dans l'église du Saint-Sépulcre, au pied des autels où ils avaient cherché un asile. Les barbares, ne trouvant plus rien parmi les vivants qui pût assouvir leur fureur, ouvrirent les sépulcres, et livrèrent aux flammes les cercueils et les ossements des morts : le tombeau de Jésus-Christ, celui de Godefroy de Bouillon, les saintes reliques des martyrs et des héros de la foi, rien ne fut respecté, et Jérusalem vit alors dans ses murs des horreurs et des profanations qu'elle n'avait point vues au milieu des guerres les plus barbares et dans les jours les plus terribles de la colère du Ciel.

Le grand-maître du temple et celui de l'hôpital, réunis dans la ville de Ptolémaïs au patriarche de Jérusalem et aux grands du royaume, s'occupaient des moyens de repousser les Karismiens et de sauver la Palestine : d'accord avec les Musulmans de la Syrie, ils livrèrent une bataille aux barbares dans les plaines de Gaza ; mais abandonnés par leurs alliés qui s'enfuirent pendant le combat, les Chrétiens n'essuyèrent qu'une sanglante défaite où périt la fleur des prélats, des barons et des chevaliers des deux ordres. Cette victoire des Karismiens livrait la plus grande partie de la Palestine aux plus redoutables ennemis des Chrétiens, et tandis que les barbares continuaient à ravager les rives du Jourdain, les Egyptiens prenaient de nouveau possession de Jérusalem, de Tibériade, et des autres villes cédées aux Chrétiens par l'émir de Damas (an 1244).

La conquête des Karismiens consomma la perte de Jérusalem, qui resta définitivement aux infidèles, et il ne se passa plus un grand nombre d'années avant que toutes les villes et les châteaux du royaume de Godefroy fussent passés au pouvoir des Musulmans. La croisade de saint Louis en Egypte et son séjour à Ptolémaïs où il s'occupa si activement des intérêts du royaume de Jérusalem, n'apporta aucun changement à l'état de la ville sainte. Invité par le sultan de Damas à visiter le tombeau de Jésus-Christ, le pieux Louis le refusa, malgré que ce pèlerinage fût le plus ardent de ses vœux. Mais il crut qu'une simple visite eût été d'un fâcheux exemple pour les autres princes chrétiens qui auraient cru ainsi satisfaire à l'objet des croisades en visitant le Saint-Sépulcre au lieu de le délivrer du joug des Musulmans. Cette considération empêcha saint Louis d'aller à Jérusalem , où il espérait toutefois encore entrer un jour les armes à la main ; mais cette espérance devait aussi s'évanouir, et Dieu ne devait plus permettre que la ville sainte fût délivrée du joug des infidèles.

Après le départ de saint Louis, Bibars Bondocdari , élu sultan d'Egypte , parcourut en conquérant toute la Syrie dont presque toutes les villes tombèrent en son pouvoir. Antioche fut prise et livrée au pillage ; en Palestine, Césarée , Saphet, Arsouf, succombèrent à leur tour. Dévot musulman, Bibars alla remercier le Ciel à Jérusalem , la fit réparer et y éleva plusieurs édifices publics. A son exemple, plusieurs sultans firent, par dévotion , le voyage de la cité sainte ; c'était aussi le nom que lui donnaient les sectateurs de Mahomet, et quelques-uns même voulurent y être enterrés.

La mort de ce dangereux ennemi , arrivée en 1277 , et la déposition de ses enfants ne rétablirent pas les affaires des Chrétiens. Kélaoun, élu sultan à sa place , se maintint dans toutes ses conquêtes ; et Khalil , fils et successeur de Kélaoun , leur enleva Ptolémaïs, Tyr et la plupart des places qui leur restaient. Enfin en 1291 l'habile sultan

vint à bout de les chasser entièrement de la Palestine et de la Syrie, cent quatre-vingt-douze ans
après leur entrée dans ces provinces, où ils s'étaient
vus les maîtres de plus de deux cents lieues de
pays, depuis l'Egypte jusqu'au delà de l'Euphrate.

Cependant Jérusalem parut rentrer encore pour
un temps au pouvoir des Chrétiens. Les Tartares
mongols, auxquels les papes avaient envoyé plusieurs fois des missionnaires et des ambassadeurs,
qui toujours avaient été accueillis avec respect et
bienveillance sous les tentes de ces guerriers no-
mades, menacent à leur tour les princes musulmans et la religion de Mahomet, envahirent la Perse
et la Syrie.

Cazan, l'un de leurs rois, quitta la Perse à la
tête d'une armée ; les rois chrétiens d'Arménie et
de Georgie, le roi de Chypre, et les ordres de
Saint-Jean et du Temple, avertis par ses projets,
étaient venus rejoindre ses drapeaux. Une victoire
qu'ils remportèrent près d'Emesse, sur les troupes
du sultan d'Egypte, leur ouvrit les portes d'Alep
et de Damas. Si nous en croyons, d'après Michaud,
l'historien arménien Hayton, les Chrétiens rentrèrent dans Jérusalem, et l'empereur des tartares
visita avec eux le tombeau de Jésus-Christ (1299).

Ce fut de là que Cazan envoya des ambassadeurs
aux princes de l'Europe ainsi qu'au souverain pontife pour les engager à unir leurs armes aux siennes,

et détruire la puissance musulmane ; mais les dissensions sans cesse renaissantes entre les princes
européens, les empêchèrent de répondre aux offres
de Cazan, qui mourut, quelques années après, devant Damas qu'il assiégeait.

Avec ce prince s'écroulèrent toutes les espérances des Chrétiens de la Palestine, et surtout
de Jérusalem. Les Tartares regagnèrent à grande
peine leur pays, et les sultans baharites d'Egypte
reprirent sans peine et sans secousse toutes les
places de la Syrie et de la Palestine, que les invasions des Tartares leur avaient momentanément
fait perdre (1504-1520).

La famille des Baharites, successeurs de Khalil,
régna environ cent trente-deux ans sur l'Egypte et
la Palestine, et ce fut durant leur domination que
cette contrée, tant de fois désolée par la guerre,
le fut encore par la fameuse peste noire qui se
répandit dans les trois parties du monde. Ce terrible fléau se fit sentir si cruellement à Jérusalem
et dans les autres villes de la Palestine, qu'elles
restèrent presqu'entièrement désertes.

En 1382, les baharites furent chassés à leur tour
de l'Egypte et de la Palestine par les Mameluks-
circassiens ou borjites, qui partagèrent ce dernier
pays en cinq gouvernements confiés à autant d'émirs.

Ceux-ci, qui s'en regardaient comme les souverains, envahissaient souvent les états les uns des

autres, ou étaient dépossédés par les sultans, en punition de leurs révoltes. Ces guerres éternelles des sultans contre les émirs, et des émirs entr'eux, continuèrent de ravager la Palestine jusqu'en 1517, que Selim, empereur des Turcs, après avoir vaincu le roi de Perse, eût attaqué l'armée des Mameluks, et, en détrônant le sultan du Caire, eût réuni à ses vastes états tous les pays qu'avaient habités et possédés les Francs en Asie.

Jérusalem vit alors flotter sur ses murailles l'étendard du Croissant, et le petit-fils de Mahomet ii, du vainqueur de Constantinople, à l'exemple du calife Omar, profana par sa présence l'église du Saint-Sépulcre. La Palestine ne faisait que changer de maître, et rien n'était changé au sort des Chrétiens qui furent peut-être plus malheureux encore sous la domination insolente des pachas envoyés par la Porte-Ottomane que sous celle des émirs égyptiens.

Le successeur de Selim, Soliman le magnifique, redoutant encore, malgré ses victoires, l'ascendant du nom de Jérusalem sur les Chrétiens, et craignant qu'une expédition ne se formât en Europe pour tenter le recouvrement de la Palestine, releva les murs tombés en ruines; il suivit [1] fidèlement la ligne tracée, et sur quelques points du

_____

[1] Corresp. d'Orient, t. 5.

côté oriental et du côté septentrional, les fortifications anciennes forment la partie inférieure des
murailles nouvelles. Les murs et les tours crénelés, ouvrage de Soliman, entourent encore aujourd'hui la ville sainte, et selon les savants auteurs de la correspondance d'Orient, sauf l'espace
de terrain que les fortifications musulmanes ont
envahi du côté du nord-est, Jérusalem, quant
à l'étendue, était en 1831 telle que l'avait faite
Adrien, telle qu'elle était à l'époque des croisades.
Elle diffère de la ville bâtie par David, et agrandie
par les premiers rois de Juda, en ce que son enceinte d'autrefois embrassait au midi le mont Sion
jusqu'aux sépulcres des rois, situés à une demi-
heure de la cité d'aujourd'hui, et qu'au nord-ouest
elle avait un peu moins d'étendue, puisqu'elle
laissait le Calvaire en dehors de ses murailles.
Ainsi, ce qui formait toute la ville de Jérusalem,
lors de la conquête de David sur les Jébuséens,
c'est-à-dire la petite ville fortifiée du mont Sion,
ne compte plus même dans la Jérusalem actuelle,

Cependant, tandis qu'en Occident l'on s'occupait à repousser l'invasion des Turcs, Jérusalem,
au nom de laquelle tant d'expéditions lointaines
avaient été entreprises, n'était pas encore entié-
tièrement oubliée : des pèlerins, portant le bourdon, ne cessaient point de visiter la terre sainte.

Parmi les hommes pieux qui depuis le xv⁰ siècle

s'étaient rendus sur les bords du Jourdain et sur
les ruines de Sion , on remarque le célèbre Ignace
de Loyola ; deux fois ce grand saint visita la Palestine , et comme saint Jérôme , il y aurait terminé ses jours , si les pères latins ne l'eussent obligé
à revenir en Europe , où il fonda , à son retour ,
la société de Jésus , dont les croisades toutes spi-
rituelles rendirent de si grands services à la science
et à la religion.

Comme avant les Godefroy et les Baudouin , on
vit alors les princes se mêler à la foule des pèlerins
qui visitaient le Saint-Sépulcre. Frédéric iii , avant
de ceindre le diadème de Charlemagne, entreprit
ce saint pélerinage , et l'on connaît les voyages
qu'y firent successivement un prince de Radziwill ,
un duc de Bavière , un duc d'Autriche , et trois
électeurs de Saxe [1].

Depuis qu'on ne parlait plus de croisades, les
souverains de la chrétienté mettaient leur gloire ,
à l'exemple de Charlemagne, à protéger toujours la
ville sainte contre les violences des Musulmans.
Les capitulations de François 1er renouvelées par
la plupart des successeurs, renferment plusieurs
dispositions qui tendent à assurer la paix des Chrétiens et le libre exercice de la religion chrétienne en
Orient. Sous le règne de Henri iv , Deshayes , am-

---

[1] Michaud , Hist. des crois. liv. xx.

bassadeur de France à Constantinople, alla visiter les fidèles de Jérusalem et leur porta les consolations et les secours d'une charité toute royale.

Le comte de Nointel, qui représentait Louis xiv auprès du grand-seigneur, se rendit aussi dans la Terre sainte, et Jérusalem reçut en triomphe l'envoyé du puissant monarque, dont le crédit et la renommée allaient protéger les Chrétiens jusqu'au delà des mers.

Après le traité de Passarowitz, la Porte envoya Mehemet-Effendi en ambassade extraordinaire à Louis xv. Cet ambassadeur était chargé de présenter au roi très-chrétien un firman du grand-seigneur, qui accordait aux catholiques de Jérusalem l'entière possession de l'église du Saint-Sépulcre et la liberté de réparer leurs églises. Les princes chrétiens envoyaient chaque année leurs tribus à la ville sainte, et, dans les cérémonies solennelles, l'église de la Résurrection étalait les trésors des rois de l'Occident; les pèlerins n'étaient plus reçus à Jérusalem par les chevaliers de Saint-Jean, mais par les gardiens du Saint-Sépulcre qui appartenaient à la règle de saint François d'Assise.

Conservant les mœurs hospitalières des temps anciens, le supérieur lavait lui-même les pieds des voyageurs, et leur donnait tous les secours nécessaires pour leur pèlerinage.

Parmi les voyageurs modernes dont ils aiment à

citer les noms, nous voyons en première ligne celui de l'illustre auteur de l'*Itinéraire*, M. de Châteaubriand. Avant lui la terre sainte avait vu Volney, dont la religion eut plus d'une fois à se plaindre amèrement, et depuis M. de Lamartine, dont la foi catholique, après s'être glorifié de sa muse, déplore aujourd'hui l'égarement. Le R. P. de Géramb, poussé par sa piété, a visité aussi les saints lieux ; il nous a donné les impressions qu'ils ont faites sur son cœur de feu.

M. de Châteaubriand fut le dernier de ces pèlerins qui eut le bonheur de contempler la vieille basilique élevée par Constantin, cette église de la Résurrection, ouvrage de la première époque de la liberté du christianisme, depuis augmentée et embellie par Godefroy et ses successeurs, qui y avaient leurs tombeaux, à côté du Saint-Sépulcre et du Calvaire qu'ils avaient enfermés dans l'enceinte de cette basilique. Aujourd'hui tout a disparu ; en 1807, le Saint-Sépulcre est devenu la proie des flammes, et les cendres des illustres restaurateurs de la liberté chrétienne en Orient, de Godefroy et de Baudouin, mêlées aux cendres et aux décombres de l'incendie, profanées et jetées au vent, ont été perdues sur la terre de Palestine, avec les débris de leurs tombes.

Une nouvelle église s'est élevée sur l'ancien plan, par les soins des Grecs ; mais ce n'est plus la vieille basilique, dont elle n'est qu'une lourde et mesquine imitation. C'est à grand'peine, qu'on retrouve dans la Jérusalem d'aujourd'hui quelque chose qui rappelle sa grandeur passée.

Dans son enceinte crénelée, bâtie par Soliman, rien ne parle aux yeux, et la sainte cité, ni de près, ni de loin, n'offre de ces illusions de perspective que l'on retrouve dans la plupart des autres villes de l'Orient. « Ce vaste amas de maisons de pierre, dit un des auteurs de la correspondance d'Orient, dont les terrasses sont toutes surmontées d'un petit dôme, la couleur grisâtre de ces groupes monotones, leur morne caractère, autour de ces murailles qui semblent ne renfermer que des tombeaux, un sol rocailleux et désert; au-dessus un ciel solitaire, des espaces que les oiseaux ne traversent point : tout cela forme un spectacle qui réunit ce que le deuil a de plus solennel, ce que la solitude a de plus austère.

» Si nous entrons dans Jérusalem, quelle tristesse ! Des rues étroites et sombres, de grands bazars ruinés où vous apercevez quelques marchands juifs, grecs et arméniens; d'humbles boutiques de tabac, tenues par des musulmans; des khans délabrés où l'arabe étranger se repose à côté de sa cavale; des quartiers abandonnés, beaucoup de maisons renversées, des terrains couverts de nopals, d'ordures et de décombres; des débris revêtus de lierre, des crevasses d'où s'élancent de petits palmiers, et à travers la cité le manteau blanc ou rouge du musulman, la robe noire du rayah, et des voiles de femmes qui passent comme en fuyant : tel est l'intérieur de Jérusalem. Tout est calme, recueilli, sérieux dans la ville sainte. Point de joie, point de mouvement, point de bruit. on dirait une vaste prison où les jours sont aussi silencieux que les nuits.

» Si l'on en excepte l'église actuelle du Saint-Sépulcre, la mosquée d'Omar et quelques autres mosquées, chapelles ou couvents, tout est ruines dans Jérusalem ; les débris de plusieurs mosquées superbes se confondent avec ceux des édifices de la Jérusalem des Croisades, et les Turcs ne voient pas avec une moindre indifférence les ronces qui couvrent les murailles des temples de Mahomet, et celles qui ensevelissent les églises et les monastères des Chrétiens. Le voyageur cherche vainement au milieu de ces ruines quelque souvenir de l'antique splendeur de cette ville qui en avait fait la reine de l'Orient. Les monuments élevés par le sage Salomon, ceux que construisit Hérode et qui firent l'admiration des Romains, les palais et les basiliques d'Hélène et de Constantin, comme les demeures royales des successeurs de Godefroy et des princes francs : tout a disparu dans la même poussière, et la main dévorante du temps, accélérée par tant de guerres et de dévastations, n'a épargné que le rocher où fut creusé le tombeau de Jésus-Christ.

» A la vue de ces débris de tous les âges accumulés autour de lui, le voyageur s'écrie avec un poète arabe, contemporain des croisades : « Il en coûte de voir Jérusalem tomber en ruines, et le soleil de ses monuments disparaître et se coucher. »

C'est à cet état de désolation que la domination turque a réduit cette malheureuse cité. Au milieu des révolutions qui depuis cinquante ans ont agité notre Europe, renversant et relevant tour à tour tous les trônes, nos rois ont paru oublier le Saint-Sépulcre, qui avait vécu si long-temps de leurs bienfaits.

Les pauvres moines catholiques du couvent de Terre-Sainte, à qui les destinées du saint tombeau avaient été si long-temps confiées, pleurent déjà notre oubli qui va délaisser peut-être entièrement notre population catholique arabe, et craignent que la sainte cité ne cesse bientôt de recevoir des secours de l'Occident.

La nouvelle de la conquête d'Alger avait fait concevoir quelque espérance à ce malheureux peuple qui ne peut s'accoutumer au joug des Musulmans; ils espèrent toujours qu'une épée française, armant un nouveau Godefroy de Bouillon, viendra les délivrer de l'oppression des Turcs.

Maintenant que l'empire ottoman est sur le point

de crouler de toutes parts, que le souverain du
Caire et d'Alexandrie dispute aux tristes descendants de Mahomet ii et de Soliman, l'empire du ma-
hométisme, que la Syrie et la Palestine sont si près
d'échapper à ses anciens maîtres, la France ne tente-
ra-t-elle pas d'affranchir les Chrétiens de l'Orient?
tardera-t-elle long-temps encore à planter les bannières de la civilisation chrétienne sur les bords du
Jourdain et de l'Oronte?

L'ordre célèbre qui produisit tant de guerriers,
et qui protégea tant de fois l'Europe contre l'invasion des Turcs, vient de renaître à la voix du
souverain-pontife. Grégoire xvi a rétabli les chevaliers hospitaliers de Saint-Jean de Jérusalem, défenseurs de Rhodes et de Malte ; la généreuse protection de l'empereur d'Autriche et des souverains
de l'Italie et du Piémont leur a rendu leurs privilèges et leurs antiques possessions; ils revivent. Qu'ils
signalent donc leur nouvelle vie par des nouvelles
actions d'éclat et de bravoure. Rappelés autour du
tombeau de Jésus-Christ où ils prirent naissance,
qu'ils protègent de nouveau la sainte cité, qu'ils rap-
pellent la prospérité dans la terre sainte où leur
valeur protégerait les colonies chrétiennes !

Avec eux, la civilisation renaîtrait dans ces contrées lointaines, et leurs armées recrutées parmi
cette ardente jeunesse, avide de gloire et de succès, qui remplit les villes de l'Europe, refoule-

raient la barbarie musulmane aux fonds des déserts où elle prit naissance.

Combien la France ne verrait-elle pas accourir de ses enfants sous les glorieux drapeaux des chevaliers de Malte ! et aujourd'hui que l'instruction s'allie si bien avec la valeur et la noblesse, que la science s'associe à tous les travaux militaires, combien de glorieux trophées ne rapporterait-on pas de l'Orient !

De même que l'expédition d'Egypte en illustrant nos armes servit la religion par les lumières qu'elle versa sur la science, ainsi le retour des phalanges chrétiennes dans la Syrie, sous la bannière de Jérusalem et de Malte, en ranimant la foi parmi notre belliqueuse jeunesse, ajouterait à la gloire de toute l'Europe, et verserait chaque jour des flots de lumière nouvelle sur les innombrables et magnifiques travaux de nos savants.

F I N.

TABLE DES MATIÈRES.

Livre premier. — Comprenant l'église de Jérusalem depuis sa fondation par Melchisédech, jusqu'à sa première destruction par les Chaldéens, sous Nabuchodonosor. 5

Livre ii. — Comprenant l'histoire de Jérusalem depuis sa destruction par les Chaldéens jusqu'à sa prise par les Romains, sous Titus. 52

Livre iii. — Comprenant l'histoire de Jérusalem depuis sa destruction par Titus, jusqu'à nos jours. 146

FIN DE LA TABLE.